El regreso a Villa fe

José Luis Navajo

El regreso a Villa fe

INSPIRACIÓN PARA TODOS LOS DÍAS

CASA
CREACIÓN
Para vivir la Palabra

Para vivir la Palabra

MANTÉNGANSE ALERTA;
PERMANEZCAN FIRMES EN LA FE;
SEAN VALIENTES Y FUERTES.
—1 CORINTIOS 16:13 (NVI)

El regreso a villa fe por José Luis Navajo
Publicado por Casa Creación
Miami, Florida
www.casacreacion.com
©2022 Derechos reservados

ISBN: 978-1-955682-56-5
E-book ISBN: 978-1-955682-57-2

Desarrollo editorial: *Grupo Nivel Uno, Inc.*
Diseño interior y portada: *Grupo Nivel Uno, Inc.*

Impreso en Colombia

22 23 24 25 26 LBS 9 8 7 6 5 4 3 2 1

Introducción

«Villa Fe sigue abierta. El inmenso monte aguarda... No es fácil su escalada, pero solo se precisa una determinación firme para coronar su cima; la perspectiva que luego ofrece cambia vidas y transforma futuros...

»¡También está preparada la habitación con vista al cielo!

»¿Quieres ser el próximo en ocuparla?».

—Un verano en Villa Fe, pp. 191-192

Son muchas las cartas que he recibido de los que aceptaron esa invitación: ocupar la habitación con vista al cielo. Motivado por esa respuesta —lo confieso— y también por cierta dosis de nostalgia, decidí regresar a ese entrañable lugar para recorrer con calma los campos abiertos que rodean la casa, sentarme a la sombra del abeto centenario e incluso mecerme en el viejo columpio que aún cuelga de sus ramas.

Me atreví, incluso, con la imponente montaña que de día inspira y estremece por las noches, y hasta coroné su cima, donde uno se siente muy cerca del cielo.

Recorrí luego las estancias de aquel adorable hogar que conserva el aroma de la fe. Inspiré el evocador efluvio con perfume de recuerdos matizado de añoranza, y concluí la visita en mi dormitorio con techo de cristal, a través del que tantas noches observé el cosmos cuajado de estrellas... Mi habitación con vista al cielo.

Fue allí, cuando mi cuerpo reposaba sobre el mullido colchón y mis pupilas se enterraban en el firmamento nocturno, donde tomé la decisión: «¡Quiero que también ellos regresen! ¡Quiero recorrer con mis lectoras y lectores este sosegado espacio!».

Es lo que hoy te propongo: Retornemos a las verdes praderas de Villa Fe.

¿Qué te parece habitar durante treinta y un días en ese verde emplazamiento donde la naturaleza predomina y la inquietud se disuelve en vapores de paz?

¡Pues acompáñame y comencemos! Prometo no cansarte con vanas repeticiones, sino ofrecerte, día a día, gotas del néctar que mis abuelitos me regalaron durante las largas y cálidas jornadas de aquel verano que cambió mi vida para siempre.

¡Bienvenidos de nuevo a Villa Fe!

«*Atardecía, ensombreciéndose por igual el paisaje, como si no hubiese en él levante ni poniente. Todo comenzó, por tanto, cuando se aproximaba una noche a finales de junio. Ese día yo cumplía ocho años o tal vez nueve, no estoy del todo seguro.*

»Aparte del intenso calor, otras dos cosas pesaban sobremanera: mi pequeña maleta repleta de ropa y mi mente infantil cargada de aprensión.

»Era ese el primer verano que pasaría lejos de mis padres y se me antojaba muy distinto a los anteriores, en los que disfruté con ellos de largos días de playa y campo.

»¿Por qué teníamos que separarnos?»

—Un verano en Villa Fe, p. 1

«Pongan todas sus preocupaciones y
ansiedades en las manos de Dios,
porque él cuida de ustedes».

—1 Pedro 5:7 NTV

Esas palabras resumen los sentimientos y
emociones que me embargaban aquella noche
de verano, cuando llegué a Villa Fe. La sensación
predominante era el desconcierto: una turbación con
pinceladas de miedo y trazos de preocupación. Hoy
puedo poner nombre a lo que me ocurría durante
el inacabable viaje a casa de mis abuelos y que
provocaba en mí sudoración, palpitaciones, intensa
fatiga, irritabilidad... lo que yo estaba padeciendo se
llama ansiedad atroz.

Estoy convencido de que mis padres lo notaron,
pues al descender del tren él me tomó en sus brazos,
aplicando una presión reconfortante y sanadora,
mientras mamá besaba mi mejilla y recitaba muy
cerca de mi oído:

«Pon todas tus preocupaciones y ansiedades
en las manos de Dios, porque él cuida de ti».

—1 Pedro 5:7 NTV

El regreso a villa fe

Hoy este mensaje llena mi mente y acaricia mi alma, pero no fue así en aquel momento. Lo que yo pensaba mientras nos aproximábamos a la valla de madera que delimitaba la finca de mis abuelos, era: «Yo no quiero poner preocupaciones y ansiedades en nadie... lo que yo quiero, mamá, es estar en nuestra casa, con ustedes».

Lo cierto es que ellos no me dejaban allí por capricho, sino que —forzados por la necesidad— tenían que ir fuera del país en busca de trabajo; esa era la razón por la que debía quedarme en casa de los abuelos. Pude comprobar que no solo la altura produce vértigo, la distancia de quienes amas genera también una náusea insoportable. Algo muy punzante, como la punta de un alfiler, hurgaba en algún punto entre mi estómago y mis costillas mientras llegábamos a las inmediaciones de Villa Fe.

«¿Por qué? —me preguntaba con insistencia—, ¿por qué tienen que irse? ¿Por qué no puedo estar con mamá y con papá, y disfrutar de un verano normal, como todos mis compañeros de escuela?».

¿Alguna vez levantaste este interrogante? ¿Recuerdas algún momento en que, mirando al cielo, preguntaste: ¿Por qué?

Seguro que sí.

Todos, en ocasiones, estremecidos por la oscuridad de abajo, hemos buscado la luz de arriba, dirigiendo preguntas al cielo: «Dios, ¿por qué? ¿Por qué a la gente buena le ocurren cosas malas?». «¿Por qué mientras los demás ríen yo solo tengo ganas de llorar?». «¿Por qué tengo mil preguntas y los demás parecen tener solo respuestas?».

«Jesús estaba dormido en la parte posterior de la barca, con la cabeza recostada en una almohada. Los discípulos lo despertaron: "¡Maestro! ¿No te importa que nos ahoguemos?", gritaron».

—Marcos 4:38 NTV

Todos, en algún momento —probablemente en muchos— hemos mirado al cielo interpelando de ese modo: ¿No te importa que me ahogue? ¿No te importa que no puedo quedarme embarazada? ¿No te importa que caí enfermo? ¿No te importa que perdí el trabajo?

Lo que ahora sé con certeza es que tales oraciones no se estrellan contra el techo, cayendo luego sobre nosotros convertidas en astillas. No... ese clamor surca el aire hasta posarse en el corazón de Dios con la suavidad de una pluma.

Y él responde, siempre lo hace. En los valles de la vida no nos abandona, sino que se pega a nosotros como una segunda piel.

Aquella noche de verano, parado frente a la cerca que delimitaba la propiedad de mis abuelos, sentí que aquella tapia de madera marcaba el final de mi felicidad.

¡Qué equivocado estaba!

No se trataba de un final, sino de un nuevo principio. Aquella experiencia no iba a destruirme, sino a construirme.

Entonces lo ignoraba, pero ahora sé que a veces la gracia llega envuelta en aparente desgracia y, circunstancias que parecen incapacitarnos están —en realidad— capacitándonos.

En ocasiones he pedido a Dios que mejore un lugar, pero él decidió hacerme a mí mejor para ese lugar... y también me hizo mejor *en* ese lugar.

Sí, yo le pedí que cambiara las circunstancias y él me dijo que estaba usando esas circunstancias para cambiarme a mí.

Permíteme que te pregunte: ¿Sientes que tus manos se vacían? Si Dios lo permite es para llenarlas con algo nuevo.

¿Parece estar borrándose la mejor etapa de tu vida? Si él borra lo bueno es para escribir lo mejor.

No lo sabía entonces, pues la aprensión empañaba mi capacidad de discernir, pero ahora comprendo que a veces es necesario dejar un buen pasado para abrazar un mejor futuro.

Algo similar a esto le ocurrió a Pablo cuando confesó:

«Tres veces le he pedido al Señor que me quite ese sufrimiento; pero el Señor me ha dicho: "Mi amor es todo lo que necesitas; pues mi poder se muestra plenamente en la debilidad". Así que prefiero gloriarme de ser débil, para que repose sobre mí el poder de Cristo».

—2 Corintios 12:8, 9 DHH

_____

_____

_____

_____

_____

_____

_____

_____

«Al día siguiente mis padres me llevarían a casa de mis abuelos y ellos viajarían fuera del país para trabajar. Esa noche, dejarme caer sobre el colchón y sentir que la perspectiva de la separación arañaba mis tripas, fue todo uno. Un incómodo sentimiento de soledad me acongojaba, y pronto cedió su lugar a una sensación de vértigo que me hizo imposible conciliar el sueño, por lo que pude escuchar la conversación que ellos mantenían en el salón.

—Me asusta el futuro —dijo papá con voz estremecida—. ¿Qué haremos si no podemos pagar esta casa?

—Eso no ocurrirá, porque...

—Pero, ¿y si ocurre? —interrumpió.

—Tú y yo hacemos un equipo perfecto —aseguró ella con firmeza sanadora—. Tenemos a nuestro hijo y tenemos fe en Dios. ¿Qué más necesitamos? Mientras pueda sentirte a mi lado y podamos abrazar a nuestro hijo, no echaré nada en falta. Verás cómo salimos adelante».

—Un verano en Villa Fe, p. 2

«El Señor te guiará siempre; te saciará en tierras resecas, y fortalecerá tus huesos. Serás como jardín bien regado, como manantial cuyas aguas no se agotan».

—Isaías 58:11

¿Te sentiste así alguna vez? Me refiero a si en alguna ocasión tuviste vértigo al asomarte a un abismo que se abría ante ti. Momentos cuando el vuelo se antoja muy alto para tus cortas alas y el temor lame los cimientos de tu fe.

Cuando llegó aquel momento de separación de mis papás, percibí en el paladar del alma el agrio sabor del miedo. Apartar a un niño de sus padres no es un arañazo, sino un feroz desgarrón en su frágil sistema emocional. En mi caso, la severa cirugía se vio atenuada por la anestesia del amor. Saber que mis padres me amaban; conocer que tras la inminente separación no estaba la indiferencia de mis padres, me sabía amado, y eso atenuaba el helador frío de la distancia.

Hay separaciones mucho más dolorosas, te lo aseguro. Ojalá nunca las padezcas y, si ya lo viviste, ruego a Dios que el milagro de su presencia llene el vacío de cualquier ausencia.

El regreso a villa fe

Leí lo siguiente, hace tiempo, y me estremecí en la lectura:

«*Ocurre a veces que una oveja da a luz a un cordero y lo rechaza. No es muy frecuente, pero sucede. Si el corderito regresa a la oveja, la madre puede incluso patear al pobre animal. Una vez que una oveja rechaza a uno de sus corderos, nunca cambiará de opinión. Esos corderitos inclinarán la cabeza tanto que parecería que algo está mal en su cuello. Su espíritu está roto... esos corderos se llaman "bummer lambs [huérfanos o rechazados]". A menos que el pastor intervenga, ese cordero morirá.*

»Entonces el pastor lleva al pequeño rechazado a su casa, lo alimenta a mano y lo mantiene caliente junto al fuego. Lo envuelve con mantas y lo sujetará contra su pecho para que el rechazado pueda escuchar los latidos de su corazón.

»Una vez que el cordero es lo suficientemente fuerte, el pastor lo colocará nuevamente en el campo con el resto del rebaño, pero esa oveja nunca olvidará cómo cuidó el pastor de ella.

»Cuando el pastor llama al rebaño, ¿adivinas quién corre hacia él primero? ¡Exacto! La que corre primero hacia el pastor es la oveja rechazada.

»Ella conoce su voz íntimamente. No es que el cordero rechazado sea más amado, es que conoce más íntimamente a quien lo ama».

Tal vez te sientas como un cordero huérfano, abandonado o roto por el rechazo. Él es tu buen pastor. Se preocupa por tus necesidades y te mantiene cerca de su corazón. Podemos estar rotos pero el Pastor nos ama. Es más, Dios está más cerca de nosotros cuanto más intensa es nuestra soledad. El salmista debió vivir una situación bastante compleja a nivel emocional cuando escribió lo siguiente:

«Aunque mi padre y mi madre me abandonen, el Señor me mantendrá cerca".

—Salmos 27:10 NTV

«Contemplaba extasiado aquel entorno, considerando que tal vez el verano no sería tan aburrido como en un principio había anticipado, cuando mi madre me dio un leve empujón y me dijo:

»¡Corre, ve a saludar a los abuelitos!

»Entonces reparé en los dos ancianos que acababan de salir y desde el porche de la casa me sonreían, saludaban con la mano y luego tendían sus brazos en la más cordial bienvenida.

»Es ese el primer recuerdo que tengo de mis abuelos: una mirada serena, como un mar en calma. Bajo aquellos ojos que chorreaban bondad y genuino cariño, brillaba una dulce sonrisa, absolutamente confiada y totalmente confiable. Sonreían de un modo tan total que me dio la impresión de que la sonrisa les desbordaba de la cara y resbalaba cuerpo abajo. Aunque en aquel momento no era capaz de explicarlo, detecté algo en su gesto que invitaba a la serenidad y al sosiego».

—Un verano en Villa Fe, p. 9

«La verdadera humildad
y el temor del Señor
conducen a riquezas,
a honor y a larga vida».

—Proverbios 22:4 NTV

En mis abuelos se combinaban las dos cualidades de carácter que más me fascinan, cautivan y enamoran: la sencillez y la humildad. A veces temo que repito en exceso ciertas cosas, pero alguien me tranquilizó al decirme que, si algo no merece ser repetido, tampoco merece ser dicho una vez. «Además —añadió mi sabio interlocutor— la afirmación llega por la repetición».

Por eso hoy quiero reiterarlo: Estoy convencido de que la sencillez y la humildad son el mejor adorno que puede lucir una persona. Es más, las personas verdaderamente grandes son verdaderamente humildes, porque grandeza es saber mantener la humildad.

Los protagonistas de Villa Fe son dos personas que exhalan autoridad impregnada en sencillez y esa es la autoridad que, de verdad, influye. A lo largo de sus páginas, *Un verano en Villa Fe* va describiendo

la actuación de dos líderes de cabello blanco y alma
más blanca todavía. Este matrimonio de ancianos
deja huellas indelebles sobre las que su nieto pisará.
Lo conducirán sin arrastrarlo, simplemente con su
ejemplo. Porque para dejar huella lo primero es
tener los pies sobre la tierra.

Hay dos formas de lograr que los demás hagan
aquello que entendemos que deben hacer: inspirar o
manipular. Inspirar es servir a los demás. Manipular
es servirme de los demás.

Aquel que ejerce el poder será jefe, pero no
líder. El líder usa la autoridad que le otorgan sus
seguidores, la autoridad que viene de abajo; no
el poder que viene de arriba. Pero el verdadero
líder entiende que es más fácil seguir huellas que
obedecer órdenes y también que las palabras son
cera, pero los hechos acero.

Por descontado que humildad no es debilidad,
al contrario, es fuerza bajo perfecto control.
Humildad no es pensar que uno vale menos, es
pensar menos en uno. No es infravalorarse ni pensar
que no valgo.

La palabra humilde viene del latín *humus*, que es
la capa más fértil de la tierra. El humus es la tierra
que fertiliza al resto del terreno. El que es humilde
enriquece a los demás. El humus de nuestro carácter
aportará nutrientes a quienes nos rodean, tal vez

esa sea la razón de que la mayoría prefiere estar con el humilde y todos repelen al soberbio... El orgullo apesta, pero la humildad ejerce un magnetismo irresistible.

Cuando uno es humilde nada le puede dañar, ni los elogios ni las críticas, porque él sabe lo que es. Estarás de acuerdo conmigo en que, cuando quien dirige es humilde es más fácil seguirle sin esfuerzo. Quien despliega autoridad impregnada de humildad convertirá seguidores en amigos y aliados en compañeros dispuestos a defenderlo con su vida.

La mayoría de veces que he conocido a personas relevantes he descubierto que no se sintieron más, sino que creyeron en sí mismas, pero tuvieron la humildad de aprender a buscar ayuda en otros. Los mejores no son los más sabios, ni los más fuertes, ni los más dotados, sino aquellos que aprenden a rodearse de personas más hábiles, fuertes y dotados que ellos mismos. Pero, dicho esto, debo prevenirte, ten cuidado con la tripulación que eliges, pues hay quien es capaz de hundir el barco solo porque no es el capitán.

Lo que intento decirte es que no hay súper hombres ni súper mujeres, hay súper voluntades que deciden inscribirse de por vida en la escuela de la educación, es decir, son lo suficientemente humildes como para saber que toda la vida estarán aprendiendo, por eso el humilde nunca deja de crecer, porque nunca deja de aprender. Aprende de todos y eso hace que el depósito de su vida crezca constantemente.

«Después del orgullo llega la humillación, pero la inteligencia está con los humildes».

—Proverbios 11:2 PDT

_____

_____

_____

_____

_____

_____

_____

_____

_____

DÍA 4

«Hasta donde alcanzaba la vista solo había naturaleza en estado puro. Un cervatillo corría por el campo y, pasando frente a la granja, buscó cobijo en el bosque. Justo enfrente, una majestuosa montaña engullía al astro rey y parecía mirarme, retadora.

—Subiremos a ella un día de estos —la voz había sonado a mis espaldas.

»Me giré y allí estaba mi abuelo. Señaló a la imponente montaña, que parecía coronarse con el aura del sol, y repitió:

—La escalaremos.

—Es muy alta, abu —advertí—. No creo que podamos.

—¿Nunca escuchaste la afirmación de Henry Ford?

—¿Henry Ford? —ni siquiera sabía quién era.

—Sí, el fundador de la compañía automovilística Ford. Él dijo: Di que no puedes, di que sí puedes, en ambos casos tendrás razón.

—¡Qué raro lo que dices, abu! —exclamé—. No lo entiendo...

—*Significa que la dificultad no radica en la altura de los montes, sino en la calidad de nuestra fe. Cuando una montaña es grande solo se precisa una determinación más grande todavía».*

—Un verano en Villa Fe, p. 16

«Cambien su manera de pensar para que así cambie su manera de vivir».

—Romanos 12:2 DDH

Hay decenas de montañas que interfieren nuestro avance y que, a menudo, nos frenan pues nos sentimos incapaces de escalarlas. Todo radica en mi mente: que avance o retroceda se determina en ese punto donde se procesan los pensamientos y las emociones. Mi peor enemigo no puede hacerme tanto daño como mis pensamientos; mi mejor amigo no puede hacerme tanto bien como mis pensamientos. He aprendido a desconfiar de mi mente, pues jamás he visto una guionista más fértil que ella. Se inventa culebrones imposibles y tiene una capacidad de persuasión tan prodigiosa como terrible.

«Cambien su manera de pensar para que así cambie su manera de vivir».

—Romanos 12:2 DDH

Este consejo que nos brinda el apóstol resulta determinante para cultivar la paz e incluso para tener salud mental. La calidad de nuestros pensamientos determina la calidad de nuestra vida. Cada día registramos muchas horas de recuerdos en el disco duro de nuestra memoria. La calidad de ese depósito determina que nuestra mente esté nutrida o, por el contrario, intoxicada. Puedo llenarla de tesoros o de basura. Es posible que la forma más tóxica de pensamiento sea el recuerdo amargo. Si opto por tomar la silla, conectar el canal de los recuerdos mordientes y visualizar los episodios negros de mi vida, terminaré amargado y desgastado. Lo más sabio que en ocasiones podemos hacer es cambiar de sintonía y conectar con el canal de la fe.

Hay dos formas idóneas de nutrir nuestra mente: su Palabra y su creación. No son las únicas, pero son mis predilectas. Me gusta acudir a la Biblia en la mañana temprano, percibo que es un manantial de agua fresca y cristalina del que puedo beber hasta saciarme. Disfruto también del paseo relajado en la naturaleza; es como la sala de audiencias de Dios. Su sello decora cada imagen y su firma está en cada milímetro de la creación. Eso descubrí en Villa Fe. Quedé fascinado con la naturaleza que la rodeaba y el abuelo se convirtió en un guía excepcional en aquellos parajes donde Dios le habló a través de lo creado. Desde entonces me ha encantado indagar en la flora y en la fauna, y siempre he sacado preciosas enseñanzas, como por ejemplo la historia del elefante. Es probable que la conozcas, déjame, no obstante, que en pocas líneas te la recuerde.

Cuando yo era pequeño, me encantaban los circos y me impresionaba especialmente el elefante. Me fascinaban sus enormes dimensiones y su fuerza descomunal. Sin embargo, pude apreciar que después de la actuación y hasta poco antes de volver al escenario, el elefante permanecía atado a una pequeña estaca clavada en el suelo con una cadena que le aprisionaba una de sus patas. La cadena era gruesa, pero la estaca era un minúsculo trozo de madera clavado a pocos centímetros de profundidad. Me parecía obvio que un animal capaz de arrancar un árbol de cuajo con su fuerza, también podía tirar de aquel minúsculo tronco y liberarse. Aquel misterio sigue pareciéndome evidente. ¿Qué lo sujeta?, ¿por qué no huye?

Tras preguntar a profesores y personas entendidas, la respuesta que me dieron fue la siguiente: «El elefante del circo no se escapa porque estuvo atado a una estaca parecida desde que era muy pequeño».

Imaginé al indefenso elefante recién nacido sujeto a la estaca. Seguro que en aquel momento el animalito tiró y tiró tratando de liberarse, pero el grillete metálico rasgaba su piel, provocándole un dolor atroz. Día tras día debió intentarlo con el mismo resultado, hasta que amaneció el terrible día de la rendición: el paquidermo aceptó su impotencia y se resignó a su destino.

Ahora ese imponente animal tenía fuerza suficiente para arrancar la estaca y hasta para derribar el circo, pero tiene grabada la impotencia que sintió de pequeño. Ahora podría escapar, pero creció con el recuerdo de que intentar ser libre provoca dolor.

El gigante de la selva no está atado por una cuerda, sino por un recuerdo.

La gran enseñanza que extraje de esta historia es que hay que hacer las paces con el pasado si queremos que haya futuro. No podemos cambiar los errores que el tiempo ha convertido en piedra, pero podemos reconciliarnos con nosotros mismos para convertir esos errores en maestros.

A menudo, a las personas, nos pasa lo mismo que al elefante del circo, vivimos encadenados a cientos de estacas que nos quitan libertad. Pensamos que «no podemos» hacer una serie de cosas sencillamente porque un día, hace mucho tiempo, lo intentamos y no lo conseguimos o porque alguien nos dijo que no seríamos capaces de lograrlo. Entonces nos grabamos en la memoria este mensaje:

«*No puedo y no podré nunca*».

Hemos crecido llevando este mensaje autoimpuesto y por eso nunca volvimos a intentar ser libres. Cuando, a veces, pesan los grilletes y hacemos sonar las cadenas, miramos de reojo la estaca y pensamos: «No puedo y nunca podré». Seguramente ahora somos más fuertes y estamos más preparados, pero aquel recuerdo nos frena a la hora de intentar liberarnos.

Somos esclavos de un recuerdo. ¿Estarías dispuesta o dispuesto a romper hoy con esa esclavitud?

«Quien vive en Cristo es una nueva criatura; lo viejo ha pasado y una nueva realidad está presente»

—2 Corintios 5:17 BLP

_____

_____

_____

_____

Quien habiéndolo perdido todo,

conserva la fe…

Esa persona custodia un

valiosísimo tesoro.

—José Luis Navajo

«Og Mandino escribió. *Fue él quien escribió: El fracaso nunca me supera si mi determinación de triunfar es lo suficientemente fuerte.*

»[Mi abuelo] lo dijo con absoluta naturalidad, como quien pronuncia la ocurrencia más trivial, y luego acompañó a mis padres a la habitación que ocuparían.

»Meditando en esa frase, me dejé caer sobre la cama y allí llegó la siguiente sorpresa. El techo del dormitorio era de madera, pero justo sobre mi cabeza había una parte acristalada que permitía ver el cielo. Mirando a través del cristal, repetí: *El problema no radica en la altura del monte, sino en la calidad de nuestra fe. Cuando la montaña es grande, solo hace falta una determinación más grande todavía*».

—Un verano en Villa Fe, p. 17

«[Dios] me satisface con todo lo mejor y me rejuvenece como un águila".

—Salmos 103:5 DHH

Hoy, de nuevo, voy a moverme en el terreno de la especulación, pero la historia que voy a contarte bien lo merece. La noche anterior, durante la cena, mi abuelito y yo habíamos decidido que al día siguiente coronaríamos la imponente montaña que podía divisar desde mi habitación. Así que, un poco antes de que el sol asomara por el este, ya estábamos caminando hacia el monte, dispuestos a escalarlo. Queríamos evitar las horas de máximo calor, por lo que nos adelantamos al alba.

Apenas habíamos comenzado a ascender cuando un ave majestuosa apareció sobre nosotros y, desde la impresionante altura en la que volaba, emitió un graznido; casi pareció una amenaza dirigida a aquellos dos escaladores que pretendíamos profanar su monte sagrado. La envergadura del pájaro me pareció enorme y, su forma de deslizarse por el aire, imponente.

—Es un águila real —explicó mi abuelo al observar la fascinación con la que miraba el cielo.

—Es muy grande —dije con admiración, sin apartar mis ojos del ave— y vuela muy suave...

—¿Sabes que el águila real es una de las aves que mayor longevidad alcanzan? —me dijo.

—¿Longevidad? —no siempre lograba entender a mi abuelo que, como incansable devorador de libros, tenía una gran riqueza de vocabulario.

—Me refiero a que vive mucho tiempo —explicó—. Puede llegar a celebrar su setenta cumpleaños. La mayoría de las aves viven mucho menos.

—Son muchos años —comenté—. ¡Qué suerte tiene el águila!

—Sí, pero no todo es fácil —matizó el anciano—. Para vivir tantos años, hacia la mitad de la vida, el águila debe tomar una decisión muy difícil...

—¿Qué decisión?

—Cuando llega a los cuarenta años de edad debe decidir entre morir o seguir viviendo...

—¡Eso no es una difícil decisión! —miré a mi abuelo, asombrado de que le pareciese difícil elegir entre la vida o la muerte.

—No —rio—, por supuesto que elegir entre vivir o morir no presenta ninguna dificultad, lo difícil es el precio que implica la decisión correcta.

—No te entiendo, abu —mientras avanzaba en la escalada, moví mi cabeza, llevando la barbilla de hombro a hombro—. Explícame, por favor.

—Siéntate un momento y te lo explico —abuelito se fatigaba mucho al ascender la ladera del monte mientras hablaba. Tomamos asiento sobre una roca y comenzó a aclararme el misterio de la fascinante ave—. Cuando alcanza los cuarenta años de edad, el águila percibe claramente los síntomas del envejecimiento: las plumas de sus alas son demasiado gruesas como para que el aire pase entre ellas. Son, además, muy grandes y pesadas, por lo que volar se hace difícil. Su pico ha crecido demasiado y se curva peligrosamente apuntando hacia su pecho. Las garras son excesivamente largas y demasiado flexibles, por lo que las presas se les escapan con facilidad. Llega entonces el momento de la gran decisión.

—¿Otra vez la decisión, abu? —dije con infantil impaciencia.

—El primer paso es someterse a un aislamiento absoluto. El águila se cobija en la soledad de la altura; busca alguna grieta de un monte que le ofrezca protección del viento y las inclemencias...

—¿Es lo que hizo esa águila? —me incorporé de la roca en la que estaba sentado y señalé a la cumbre, a una especie de gruta de la que asomaba un águila.

—Así es —afirmó mi abuelo—. Es probable que ella esté ahora en ese proceso. Allí pasará ciento cincuenta días...

—¿Tanto tiempo?

—Cinco meses —concretó—. Es el tiempo necesario para que el águila cumpla todo el proceso de renovación —y enseguida comenzó el anciano a relatarlo—: lo primero que hace es golpear su pico contra la roca hasta que este se le desprende.

—¡Aggg! —casi sentí el dolor, mi gesto era elocuente, pero eso no desanimó a mi abuelo, que continuó con su relato.

—Esperará hasta que nazca un nuevo pico y con él se desprenderá una a una, sus uñas —demasiado largas y flexibles— y, por lo tanto, inútiles.

—Abu, eso es horrible. Tiene que doler muchísimo —reconocí mientras percibía que una desagradable sensación de malestar se iba apoderando de mí.

—Desprendidas las uñas, de nuevo toca la espera: el águila aguarda a que salgan nuevas garras y con ellas, y ayudándose también con su pico renovado, se deshará de las viejas plumas. Una a una —recalcó—, se arrancará sus envejecidas plumas.

—Y vuelta a esperar a que crezcan las nuevas —ya lo iba entendiendo.

—Exacto. Cuando estas nazcan el proceso de rejuvenecimiento estará completado: nuevo pico, nuevas garras, nuevas plumas... y el águila, completamente rejuvenecida, remontará el vuelo dispuesta a vivir otros treinta años.

—¡Es impresionante! —yo estaba admirado—. Ahora comprendo que la decisión es difícil, pero duplica la vida.

—Así es con nosotros, hijo mío —fijó la mirada en algún lugar indeterminado de aquel inmenso paisaje—, la renovación y la energía para seguir coronando cimas de promesas las obtenemos apartándonos a solas con Dios, de modo que Él nos rejuvenezca.

Antes de reanudar la escalada volví a mirar hacia la cumbre, mis ojos se posaron en la gruta, desde la que un águila rejuvenecida me observaba con fijeza. «En la quietud de la altura las fuerzas se renuevan", parecía decirme.

«Dios me satisface con todo lo mejor y me rejuvenece como un águila».
—Salmos 103:5 DHH

«—Escucha, hijo, hay cuatro lecciones que los abuelitos me enseñaron cuando tenía tu edad —sonrió con los ojos más que con la boca, mientras me decía llevando la cuenta con los dedos—. Primero, no te midas de la cabeza al suelo para ver cuánto creciste. Mídete de la cabeza al cielo para ver cuánto puedes aún crecer. Segundo, busca ser extraordinariamente sencillo y serás sencillamente extraordinario. Tercero, la grandeza de una persona no se mide por lo que tiene, sino por lo que es capaz de dar. Cuarto, nunca dejes de aprender, porque el día en que dejes de aprender, dejarás de crecer. ¿Qué te parece?

—Es muy bonito lo que te enseñaron los abus.

—¿Sabes?, hace mucho me dijeron: No te fíes demasiado de las palabras de un hombre que no tiene cicatrices; tus abuelos las tienen, y doy gracias al cielo porque tuvieron valor para aceptar las heridas, y sabiduría para convertirlas en renglones donde otros pudimos leer.

»Así, mecido por la música de aquella conversación, caí en un plácido sueño mientras, afuera, los árboles emitían un relajante murmullo *al ser despeinados por el viento. A esas alturas ya estaba convencido de que aquel verano, lejos de ser aburrido, sería realmente apasionante».*

—Un verano en Villa Fe, pp. 26 y 27

«Puedo salir airoso de toda suerte de pruebas, porque Cristo me da las fuerzas».

—Filipenses 4:13 BLP

Recuerdo una tarde en la que salimos los tres, mi abuela, mi abuelo y yo, a caminar por las proximidades de la casa.

—¡Escuchad! —dijo mi abuelita, deteniéndose.

Dejamos de caminar y aguzamos el oído...

«Croack, croack, croack...».

—¡Son ranas¡ —exclamé.

En cuanto atravesamos una pequeña arboleda llegamos a un estanque. Era de allí de donde provenía el croar de las ranas. Al aproximarnos vimos cómo varios ejemplares saltaban al charco, huyendo de nosotros. Observé a los anfibios de color verde punteados de negro. Se sumergieron nadando a gran velocidad.

—Son muy asustadizas —dijo abu—. Si nos quedamos aquí un rato en silencio, veremos que vuelven a salir.

—Pues si os parece —sugirió abuelita señalando al tronco de un árbol caído— mientras esperamos que salgan, tomemos asiento y os cuento una historia muy interesante acerca de unas ranas.

—Cuéntanos, abuelita —pedí, sentándome sobre el tronco.

Esta fue la historia que *aba* nos contó:

«Un grupo de ranas viajaba por el bosque, cuando dos de ellas cayeron en un pozo. Las otras ranas se agolparon alrededor del pozo y al ver lo profundo que era, comenzaron a gritar a sus dos compañeras que ya no había esperanza para ellas. "¡No podréis salir de allí abajo!", gritaban.

»Sin embargo, las dos ranas no cesaban de saltar para intentar saltar fuera del pozo.

»El grupo de ranas de la parte superior seguía diciéndoles que debían rendirse. Que nunca lograrían salir.

»Al fin, una de las ranas hizo caso a lo que decían las demás y se rindió, dejándose morir. La otra, por el contrario, siguió saltando con todas sus fuerzas. "¡No seas necia!", le gritaban, "¡deja de luchar, deja de sufrir, nunca lo lograrás!".

»A pesar de los gritos de sus compañeras, el batracio reunió toda su energía en un último intento, se impulsó y consiguió salir. Ya afuera, las otras ranas, sorprendidas y admiradas, le dijeron: "¿No nos oías?".

»Una de las ranas del grupo explicó: "No os molestéis en hablarle, es sorda como una tapia. Estoy segura de que, al veros gritarle, ella pensó que la estabais animando"».

—¿Os ha gustado la historia? —quiso saber *aba*.

—¡Qué historia más bonita! —exclamé—, pero pobrecita la rana que murió...

—Tiene una enseñanza muy importante —advirtió mi abuelita—: las palabras que salen de nuestra boca tienen un gran efecto en quienes nos escuchan.

—Por eso —concluyó abuelito—. Al hablar con alguien, debemos pensar mucho lo que vamos a decirle. Nuestras palabras pueden hacer la diferencia entre la vida y la muerte.

—Y también debemos tener mucho cuidado con lo que escuchamos de los demás, pues eso va a determinar nuestra forma de actuar.

—Siempre que quieras emprender algo —advirtió mi abu—, habrá quien esté dispuesto a desanimarte.

—Así es, hijo mío —dijo abuelita—. No escuches al comité de desalentadores, es mejor que prestes tus oídos a quienes te alientan y animan.

«Puedo salir airoso de toda suerte de pruebas, porque Cristo me da las fuerzas».

—Filipenses 4:13 BLP

_____

_____

_____

_____

_____

_____

_____

_____

_____

_____

_____

Busca ser extraordinariamente sencillo, y serás sencillamente extraordinario.

—José Luis Navajo

«—*El mayor problema de las personas está aquí adentro* —*el abuelo se tocó la cabeza con insistencia.*

»—*Si dejas que tu mente se llene de ansiedad, vivirás angustiado; si permites que en ella anide la codicia, vivirás codiciando. Por eso la Biblia (Filipenses 4:8) nos dice que pensemos en lo bueno, en lo amable, en las virtudes… Si cedemos el centro de nuestro pensamiento al Señor* —*la sonrisa con la que el abuelo coronó la frase, me hizo sonreír a mí también*— *viviremos en paz y disfrutaremos de serenidad.*

»*Me sorprendió descubrir que al lado de mis abuelos había tiempo para jugar, cantar, reír… para compartir con otros lo que les hacía felices. Algunas veces me he preguntado: ¿Por qué será necesario llegar a viejo para descubrir que no hay que agobiarse tanto cuando uno es joven?».*

—Un verano en Villa Fe, pp. 45, 46

«En aquel tiempo, entró Jesús en un pueblo; y una mujer, llamada Marta, le recibió en su casa. Tenía ella una hermana llamada María, que, sentada a los pies del Señor, escuchaba su Palabra, mientras Marta estaba atareada en muchos quehaceres. Acercándose, pues, dijo: "Señor, ¿no te importa que mi hermana me deje sola en el trabajo? Dile, pues, que me ayude". Le respondió el Señor: "Marta, Marta, te preocupas y te agitas por muchas cosas; y hay necesidad de pocas, o mejor, de una sola. María ha elegido la parte buena, que no le será quitada"».

—Lucas 10:38-42

Al recordar el sosiego que envolvía el día a día de mis abuelos, me doy cuenta de lo lejos que ahora estamos de esa condición. Es difícil mantener la serenidad en un mundo que te inyecta en vena el hábito de la urgencia. La sociedad se ha visto sacudida por diversas crisis sanitarias y la pandemia que ahora nos devasta es, aunque de signo más sutil, decididamente demoledora: me refiero a «La doble A»: angustia y ansiedad.

Una cosa es la diligencia y otra bien distinta el apresuramiento. No es lo mismo ser eficiente que vivir en constante apremio. Temo que hoy no viajamos, sino que llegamos, pero el gozo de desplazarse no suele estar en la meta, sino en el camino hacia ella. Lo peor es que, al viajar tan veloz, lo primero que se escapa por la ventanilla es la paz, y sin ella la vida se torna tan difícil como masticar arena.

Pero ante un mundo galopante y turbado, la voz de los siglos sigue alzándose serena: *«No os afanéis ... echad toda vuestra ansiedad sobre él ... Marta, Marta, te preocupas y te agitas por muchas cosas; y hay necesidad de pocas, o mejor, de una sola. María ha elegido la parte buena, que no le será quitada».* Y su mano señala a María quien, sentada a los pies del Maestro, se deleita paladeando el néctar de la sabiduría.

A menudo los atajos concluyen en barrancos. Caminar con mesura y prudencia sigue siendo la manera más segura de llegar pronto. Hace tiempo que desconfío de los atajos; creo más en la constancia.

Hoy, la imagen de mis abuelos, trabajando con sosiego pero con determinación; siendo eficientes en sus horas productivas, pero retirándose a tiempo para recargar sus baterías, me invade, me enseña y me persuade de que no se trata de activismo, sino de sabia actividad.

Dicen —y yo lo creo— que somos lo que comemos. También en el ámbito emocional. Si ingerimos noticias, imágenes y sucesos que inoculan ansiedad, viviremos ansiosos. Si, por el contrario, bebemos de la fuente de la paz, eso es lo que proyectaremos. Es esencial recordar que nada es tan urgente como para robarnos la paz.

«Piensen en todo lo que es verdadero, noble, correcto, puro, hermoso y admirable. También piensen en lo que tiene alguna virtud, en lo que es digno de reconocimiento. Mantengan su mente ocupada en eso».

—Filipenses 4:8 PDT

De las cosas que más atesoro del tiempo con mis abuelos, las historias que me contaban, son lo que ahora acude a mi memoria:

«Hace mucho tiempo, en un país lejano, vivía un rey viudo que se preocupaba mucho por la educación de su único hijo y heredero, que entonces tenía doce años. Un día, el rey quiso explicarle a su hijo el significado de la palabra serenidad, pero el muchacho no conseguía entenderlo. El rey estaba preocupado, ya que se trataba de un concepto básico y necesario para un futuro monarca.

»Su Majestad, con una cultura y sensibilidad muy avanzadas para su época, tuvo una idea: si las palabras no daban fruto en la mente de su

hijo, tal vez lo harían las imágenes. Así fue como
el rey ideó una gran exposición de pintura en la
que el tema central sería la serenidad. Dicho y
hecho, su secretario personal se puso en marcha
para obedecer las órdenes de Su Majestad e hizo
llegar la noticia a todos los rincones del reino. El
rey impuso como norma que todos los súbditos
pudieran participar, fueran o no artistas, y que
ninguna obra, por mala que fuese, quedase
descartada de la gran exposición que se haría en
la gran sala del trono.

»Una bolsa de oro sería el premio.

»Las obras empezaron a llenar la gran sala del
trono. Había tantas que el secretario quiso poner
un poco de orden clasificándolas personalmente,
según la calidad, la belleza de paisaje y la gama
de colores... Las obras de poca calidad quedaban
relegadas a la última pared, la más oscura y
escondida.

»Un día, un viejo que vivía en lo alto de una
montaña y que de joven había sido pintor trajo
su cuadro. Cuando lo vio el secretario quedó
horrorizado. Pero, ¿qué era aquello? Los colores
oscuros, negros, grises, dominaban la tela,
que representaba una terrible tempestad en el
mar y unas olas que rompían con fuerza en el
acantilado. Aunque la calidad era aceptable y,
probablemente, el artista tenía talento, el secretario

no lograba entender cómo podría eso llevar el
título Serenidad. Pensó en esconder el cuadro
para que el rey no se enfadara al verlo en medio
de aquella sala fastuosa llena de bellas obras de
arte, sin embargo optó por exponerlo, aunque en el
rincón más perdido de la sala.

»El día de la inauguración, la plaza real se
llenó. Artistas, súbditos y la nobleza en pleno
querían ser los primeros en ver la exposición
más grande que jamás se había celebrado en el
reino. Delante de la comitiva iban el rey y su hijo,
emocionados porque por fin el heredero podría
entender el significado de la palabra serenidad.

»El rey miró todos los cuadros con intensidad:
puestas de sol, el mar en calma, prados llenos de
flores, montañas nevadas... Finalmente llegó a la
última pared, la más oscura. El rey se detuvo ante
aquel horrible cuadro y la cara de sorpresa del
monarca hizo temblar a su secretario. El monarca
se acercó más, miró la pintura con interés, se alejó
y volvió a acercarse hasta casi tocar la tela con la
nariz. Entonces se volvió a su secretario y dijo:

—Este es el cuadro ganador —llamó a su hijo—.
Acércate para ver qué es la serenidad.

»El secretario estaba boquiabierto. ¡No entendía
nada!

»El muchacho se acercó y entonces pudo ver
que en medio de aquella tempestad, entre los

relámpagos y el cielo ennegrecido, había una roca
que sobresalía del mar. Sobre ella un pequeño
nido de pájaros. Aproximándose más pudo ver
que dentro del nido había una madre pájaro
alimentando a sus cuatro crías.

»El rey, entonces, le dijo:

—Hijo, eso es la serenidad: saber, en medio de
la tormenta, cuál es tu prioridad».

Hay personas que contagian intranquilidad,
desazón y nerviosismo, pero hay otras —mis abuelos
eran de estos— a cuyo lado se instala una contagiosa
serenidad. Oigamos al poeta Horacio que tan
reflexiva y bellamente escribió: «Cuando el día se
nuble y el trueno ruja, consérvate sereno».

«Marta, Marta, te preocupas y te agitas por
muchas cosas; y hay necesidad de pocas, o
mejor, de una sola. María ha elegido la parte
buena, que no le será quitada»

—Lucas 10:42

El día en que dejes

de aprender,

dejarás de crecer.

—José Luis Navajo

«Las verdades que mis abuelos me transmitieron fueron posándose en mi conciencia con la suavidad de una pluma, pero dejaron una marca indeleble, como quien pisa sobre cemento fresco. ¡Qué razón tuvo quien dijo que el que escribe en el alma de un niño escribe para siempre!

»Ellos me enseñaron que cuando lo urgente está resuelto, lo secundario encuentra su lugar y la ansiedad se disuelve en vapores de paz. Aprendí a su lado que hacen falta muy pocas cosas para vivir, y cuando despejas tu agenda de lo trivial, descubres que hay tiempo y espacio para lo esencial.

—Pero si alguna vez llegara a faltarte algo —dijo mi abuelo aquel mismo día—, si en alguna ocasión notaras que algo importante falta —repitió—, debes confiar plenamente en Dios; lo necesario llegará, no siempre cuando lo deseas, pero sí cuando de verdad lo necesitas.

—Eso es fe —puntualizó la abuelita—, dejarle a él los tiempos y los detalles. Dios es mucho más sabio que nosotros y nunca llega tarde —aseguró—; él nunca se equivoca».

—Un verano en Villa Fe, pp. 46, 47

«Por lo tanto, no se angustien por el mañana,
el cual tendrá sus propios afanes. Cada día
tiene ya sus problemas».

—Mateo 6:34 NVI

Un día en el que me levanté con pésimo estado de
ánimo, irrumpí en la cocina con un humor de perro
enfadado. Mis abuelos preparaban el desayuno y yo
saludé con un gruñido ininteligible.

—¡Uy, uy! —abuelita meció la cabeza de lado
a lado—. Me parece que nuestro nietito hoy no
amaneció contento.

—He soñado con mis papás —reconocí—. Y los
echo mucho de menos.

—Desayuna. Comer algo te vendrá bien —me
recomendó abuelito—, después te llevaré a un lugar
que te resultará impresionante.

Motivado por la idea de una sorpresa, tomé el
zumo de naranja recién exprimida y una tostada de
pan con mermelada. Tras el desayuno, abuelito, me
dijo:

—Acompáñame, quiero mostrarte algo.

—¿Adónde vamos, abu? —pregunté sorprendido.

—Ven, hijo, ven, quiero que veas algo.

Fue delante de mí hasta la puerta de una habitación que yo no había visitado. Una vez pregunté a la abuelita qué había allí y ella respondió: «Es el cuarto secreto del abuelo». Nunca, hasta ese momento, habíamos vuelto a hablar sobre aquel cuarto.

—Observa —me dijo el abuelo abriendo la puerta y pulsando el interruptor de la luz.

—¡Cuántos libros, abu! —se trataba de una estancia de buen tamaño. Todas las paredes estaban forradas de estanterías, desde el suelo y hasta el techo. En aquellos entrepaños se apretaban cientos de volúmenes.

—Hay ciento veinte estantes, y en cada uno de ellos descansan cincuenta y cinco libros. Tengo en total seis mil seiscientos ejemplares.

—¿Los has leído todos, abu? —no daba crédito a lo que veía.

Aquella habitación era un auténtico museo del libro. Volúmenes de distintos tamaños y diferentes encuadernados convivían en un orden riguroso.

—Todos —afirmó—, y algunos de ellos varias veces. Sé el título de cada uno y no tardaría ni sesenta segundos en localizar cualquier libro que me pidieras.

—¡Claro! —le dije—, por eso sabes tantas frases bonitas.

—Hijo, leo todo y leo siempre —asintió y sonrió al añadir—: si leer demasiado es un problema, yo tengo ese problema. Si paso más de dos horas sin leer, noto que me duele la cabeza.

—¿Es importante leer? —quise saber.

—No —dijo escuetamente—, leer no es importante, sino imprescindible —reflexionó un instante antes de apuntillar—: lo que la comida y la bebida representan para el cuerpo, la lectura lo es para la mente y el alma.

—Lee poco y serás como muchos; lee mucho y serás como pocos —era la abuelita, que acababa de entrar en la habitación—. ¿Nunca oíste que un lector vive mil vidas antes de morir, y el que no lee, solo vive una?

—Hijo —repuso el abuelo—, lo que intento explicarte es que ser un lector compulsivo me autoriza a decirte que no se ha escrito, ni jamás se escribirá un libro como la Biblia. La Biblia es perfecta en su estilo y perfecta en su contenido.

—Y no hay texto más emocionante que este —la abuela sostenía la Biblia en su mano mientras aseguraba—. No es aburrido, desde luego que no. Es un documento apasionante.

—Al leerlo vosotros suena distinto —les aseguré.

—La Biblia —me aclaró la abuelita, recordándome lo que mamá me había dicho— es como una larga carta que Dios nos escribe —al darse cuenta de que todavía no estaba en edad de comprender los sentimientos de un enamorado, buscó otro ejemplo—. Es como si tu mejor amigo se hubiera ido de viaje a un lugar muy lejano y desde allí te escribiera contándote cosas emocionantes y explicándote también lo que haréis cuando volváis a reuniros.

Aquel día aprendí dónde radicaba la fuente de paz de la que mis abuelos bebían cada día: la Biblia era esa fuente. Leerla los acercaba a Dios, y allí se renovaban y encontraban verdadera paz, porque se sumergían en el texto sagrado como quien bucea en un remanso de aguas cristalinas, y en ese íntimo lugar escuchaban a su Amado decirles:

«No andéis preocupados pensando qué vais a comer o qué vais a beber para poder vivir, o con qué ropa vais a cubrir vuestro cuerpo. ¿Es que no vale la vida más que la comida, y el cuerpo más que la ropa? Mirad las aves que vuelan por el cielo: no siembran, ni cosechan, ni guardan en almacenes y, sin embargo, vuestro Padre celestial las alimenta. ¡Pues vosotros valéis mucho más que esas aves! Por lo demás, ¿quién de vosotros, por mucho que se preocupe, podrá añadir una sola hora a su vida?

»¿Y por qué preocuparos a causa de la ropa? Aprended de los lirios del campo y fijaos cómo

crecen. *No trabajan ni hilan y, sin embargo, os digo que ni siquiera el rey Salomón, con todo su esplendor, llegó a vestirse como uno de ellos. Pues si Dios viste así a la hierba del campo, que hoy está verde y mañana será quemada en el horno, ¿no hará mucho más por vosotros? ¡Qué débil es vuestra fe! Así pues, no os atormentéis diciendo: "¿Qué comeremos, qué beberemos o con qué nos vestiremos?"».*

—Mateo 6:25-31 BLP

«—¡Cuántos libros tienes, abu! —habíamos entrado a una estancia de buen tamaño. Todas las paredes estaban forradas de estanterías, desde el suelo y hasta el techo. En aquellos entrepaños se apretaban cientos de volúmenes.

—Hay ciento veinte estantes, y en cada uno de ellos descansan cincuenta y cinco libros. Tengo en total seis mil seiscientos ejemplares.

—¿Los has leído todos, abu? —no daba crédito a lo que veía.

»Aquella habitación era un auténtico museo del libro. Volúmenes de distintos tamaños y diferentes encuadernados convivían en un orden riguroso.

—Todos —afirmó—, y algunos de ellos varias veces. Sé el título de cada uno y no tardaría ni sesenta segundos en localizar cualquier libro que me pidieras.

—¡Claro! —le dije—, por eso sabes tantas frases bonitas.

—Hijo, leo todo y leo siempre —asintió y sonrió al añadir—: si leer demasiado es un problema, yo tengo ese problema. Si paso más de dos horas sin leer, noto que me duele la cabeza.

—¿Es importante leer? —quise saber.

—No —dijo escuetamente—, leer no es importante, sino imprescindible —reflexionó un instante antes de apuntillar—: lo que la comida y la bebida representan para el cuerpo, la lectura lo es para la mente y el alma.

—Lee poco y serás como muchos; lee mucho y serás como pocos —era la abuelita, que acababa de entrar en la habitación—. ¿Nunca oíste que un lector vive mil vidas antes de morir, y el que no lee, solo vive una?».

—Un verano en Villa Fe, pp. 60 y 61

«Las tentaciones que enfrentan en su vida no son distintas de las que otros atraviesan. Y Dios es fiel; no permitirá que la tentación sea mayor de lo que puedan soportar. Cuando sean tentados, él les mostrará una salida, para que puedan resistir».

—1 Corintios 10:13 NTV

Aquel día mi abuelita se dirigió a uno de los estantes, tomó un libro, y con gran agilidad pasó las páginas, como buscando una cita concreta.

El regreso a villa fe

—Escuchad —dijo entonces—, me gustaría leeros esta historia —abuelito y yo tomamos asiento, como si hubiésemos accedido a un aula de la escuela, y ella declamó el texto con absoluta brillantez:

«*En la antigüedad, un rey hizo colocar una roca en una calzada. Luego se escondió y observó para ver si alguien movía la roca del camino. Algunos de los mercaderes y cortesanos más ricos del rey pasaron por allí y simplemente lo rodearon.*

»Mucha gente reprochó en voz alta al rey que no mantuviera los caminos despejados, pero ninguno de ellos hizo nada por quitar la piedra del camino.

»Un campesino se acercó entonces llevando una carga de verduras. Al acercarse al peñasco, el campesino dejó su carga y trató de empujar la piedra fuera del camino. Después de muchos empujones y esfuerzos, finalmente lo consiguió.

»Después de que el campesino volviera a recoger sus verduras, se dio cuenta de que había un bolso tirado en el camino donde había estado el peñasco.

»El monedero contenía muchas monedas de oro y una nota del Rey en la que se explicaba que el oro era para la persona que retirara el peñasco de la calzada».

Moraleja de la historia:

El regreso a villa fe

*Cada obstáculo que encontramos en la vida
nos da una oportunidad para mejorar nuestras
circunstancias, y mientras los perezosos se quejan,
los otros están creando oportunidades a través
de sus corazones amables, su generosidad y su
voluntad de hacer las cosas.*

—¿Conclusión? —abuelita preguntó con toda la
intención de averiguar si yo había entendido el
sentido de la historia.

—Aba, creo que esa historia quiere decir —
aventuré tras reflexionar unos segundos—, que a
veces aparecen problemas en el camino, pero que en
realidad nos enseñan cosas buenas.

—Tienes toda la razón, hijo —aplaudió mi abuelita.

—Hay tesoros bajo los problemas —concretó
abuelito— y amaneceres bellísimos en el útero de
terribles noches. No te angusties en las sombras,
mejor busca los tesoros que yacen entre sus pliegues.

—Abu, no entiendo casi nada de lo que has dicho
—reconocí—, pero suena muy bonito.

Los dos rieron con ganas mientras mi abuelo decía:

—En realidad mi conclusión de la historia es
idéntica a la tuya, solo que yo la expresé de manera
más complicada.

Hoy recuerdo, emocionado, aquel momento y la
sabiduría de aquellos dos ancianos. ¡Qué inmenso
regalo fue aprender junto a ellos! Personas de

experiencia que habían atravesado fuertes inviernos, pero siempre encontraron el rincón donde el sol seguía brillando. De ellos aprendí que cada aguijón puede convertirse en arado y cada lágrima en agua de riego que fertilice la tierra.

No, la noche no es la enemiga, sino ese periodo del día en que la vida se renueva y todo vuelve a ordenarse.

«Hermanos míos, ustedes deben tenerse por muy dichosos cuando se vean sometidos a pruebas de toda clase. Pues ya saben que cuando su fe es puesta a prueba, ustedes aprenden a soportar con fortaleza el sufrimiento. Pero procuren que esa fortaleza los lleve a la perfección, a la madurez plena, sin que les falte nada».

—Santiago 1:2-4 DHH

La mayor inversión que podemos hacer en los hijos es de tipo espiritual con el ejemplo y los valores.

—JOSÉ LUIS NAVAJO

«Un momento predilecto de mi verano era ese tiempo reposado en el que mis abuelitos me leían la Biblia después de desayunar. Casi siempre ocurría de la misma manera: al despertar me llegaba el olor del pan recién tostado, a veces era ese revitalizador aroma lo que me despertaba, y eso me hacía saltar de la cama. Corría al exterior y los encontraba en el porche, disfrutando del aire puro y fresco de la mañana. Orientaban sus gastadas mecedoras hacia el horizonte por donde el sol saludaba al inaugurar el día. Solían estar en silencio, por lo que solo se escuchaba el canto de las aves y el rumor del aire despeinando los árboles. Con frecuencia, me detenía tras ellos por el simple hecho de admirar la escena: mis dos abuelitos recreándose en la naturaleza y sonriendo plácidamente. Alguna vez ella comenzaba a cantar muy bajito y mi abuelo marcaba el ritmo dando golpecitos con su pie sobre el suelo de madera.

»Me gustaba observarles durante un rato y luego saludarles:

—¡Hola, abu! ¡Hola, aba!

»Se giraban sorprendidos y se incorporaban para abrazarme mientras decían:

El regreso a villa fe

—¡Buenos días, cariño!, ¿has visto qué hermoso día nos ha regalado Dios?

»Lo decían sin fingimiento, con absoluta convicción y plena naturalidad. No había en sus acciones, ni tampoco en sus expresiones, matiz alguno de misticismo o fingida espiritualidad. Recibían cada día como un regalo de Dios que desempacaban con expectación, decididos a saborearlo. Ellos me enseñaron a recibir cada jornada como un presente cargado de oportunidades».

Un verano en Villa Fe, pp. 57 y 58

«Las Sagradas Escrituras son cartas desde casa», afirmó Agustín de Hipona.

Mis abuelitos amaban leer ese correo íntimo y sagrado. Ese amor que profesaban a la Biblia me contagió irremediablemente. Hoy conservo el ejemplar que ellos utilizaban. Las tapas están muy gastadas y sus hojas amarillentas y rizadas en los bordes, tanto que unas páginas se traban con otras, pero sigo prefiriendo esa Biblia a ninguna otra. A menudo detengo la lectura en uno de los versículos que ellos subrayaron; entonces me traslado al momento en que lo leyeron y marcaron con bolígrafo rojo. Me parece escuchar su voz impregnada de emoción, recitando el versículo. Instantes reposados en los que la presencia de Dios era la realidad más tangible.

Como aquella mañana en la que, por primera vez, escuché aquel texto de la Biblia que memoricé enseguida y que me ha acompañado siempre.

«De tal manera amó Dios al mundo, que ha dado a su Hijo unigénito, para que todo aquel que en él cree, no se pierda, mas tenga vida eterna».

—Juan 3:16

Fue la voz de mi abuelo quien lo recitó, y lo hizo con tal pasión y sentimiento que, en el final del texto, se quebró su voz y con lágrimas concluyó:

—¿Acaso puede haber amor mayor que este? —negaba con amplios movimientos de cabeza—. Imposible amar más.

—¿Por qué lloras, *abu*? —me preocupó su llanto.

—No siempre se llora por algo malo —aclaró.

—Es posible llorar de alegría —*aba* lo remarcó.

—Y de gratitud —puntualizó él—. Lo peor en la vida es ser ingrato.

—¿Ingrato? —no entendí bien el concepto.

—Sí —había ternura en su voz—. Te explicaré lo que eso es con una historia: *Había una chica ciega que se rechazaba constantemente a sí misma por el mero hecho de ser ciega. Ese mismo sentimiento lo tenía hacia todo el mundo, porque al no aceptarse uno mismo es casi imposible sentir cariño hacia los demás. La única persona a la que no odiaba era a su novio, ya que siempre estaba a su lado y era muy cariñoso con ella. «Si pudiera ver, le decía, me casaría contigo».*

Un día ocurrió algo maravilloso: alguien le donó un par de ojos, se los trasplantaron y sucedió el milagro: ¡ahora podía verlo todo¡

—¿Ahora te casarás conmigo? —le preguntó su novio.

La chica quedó impresionada al descubrir que él también era ciego. Titubeó un instante, y finalmente le dijo:

—No puedo casarme contigo, lo siento. No puedo casarme con alguien que es ciego.

El chico se alejó con el corazón roto de dolor.

Poco después le hizo llegar un mensaje donde le decía: «Estoy feliz de que puedas ver. Solo te pido que cuides bien de mis ojos, cariño».

Abu guardó silencio y, durante cerca de un minuto, no se escuchó otra cosa que la suave brisa entre las ramas de los árboles y el trino de los pajaritos que las habitaban. Yo también había enmudecido a causa de aquella historia.

—Cuando nuestras circunstancias cambian, también lo hace nuestra mente —explicó *abu*—.

El regreso a villa fe

Algunas personas no son capaces de ver las cosas como eran antes y pueden no ser capaces de apreciarlas.

—¡Pero aquella mujer fue muy mala! —yo estaba realmente enfadado.

—¿Por qué? —interrogó *aba*.

—Su novio le dio sus ojos y ella lo dejó...

—En rigor, ella no sabía que los ojos que le implantaron fueran los de su novio. Pero tienes razón, rechazó a su novio por ser ciego, cuando él la estuvo acompañando mientras que ella lo era.

—Todos somos desagradecidos en alguna medida.

—¿Todos?

—Dios no nos dio solo sus ojos, nos entregó su vida entera y, a menudo, lo ignoramos mientras vivimos.

—Yo no quiero ignorarlo... Yo quiero ser su amigo siempre...

«En esto consiste el amor: no en que nosotros hayamos amado a Dios, sino en que él nos amó y envió a su Hijo para que fuera ofrecido como sacrificio por el perdón de nuestros pecados».

—1 Juan 4:10

El regreso a villa fe

«Pero, sin duda, el momento más esperado por mí era cuando, casi cada noche y justo antes de dormir, mi abuelo me contaba una historia. Tenía un repertorio inagotable y cada una era mejor que la anterior.

»A veces eran historias ficticias y, en ocasiones, vivencias suyas, pero todas contenían enseñanzas que me llevaban a reflexionar y grababan en mi mente valores que condicionaron mi futuro».

—Un verano en Villa Fe, p. 63

El regreso a villa fe

«¡Cuán precioso, oh Dios, es tu gran amor!
Todo ser humano halla refugio
a la sombra de tus alas».

—Salmos 36:7

Sí, aquellas noches siempre las recordaré, en especial por las historias tan inspiradoras que mi abuelo me contaba. A menudo se tumbaba junto a mí y ambos enterrábamos la mirada en el cielo nocturno que se podía ver a través de la cristalera del techo. Entonces iniciaba su relato.

Ni aunque Dios me concediera vivir mil vidas podré olvidar la historia que aquella noche me contó:

En una pequeña aldea había una tienda cuyo dueño colocó un anuncio sobre su puerta. Ese cartel decía: «Se venden cachorros».

—¿Cacharros? —pregunté, extrañado.

—¡No! —abu rio con ganas—. No escuchaste bien. El cartel decía: «Se venden cachorros», crías de perro.

Un niño —continuó abu— *vio el cartel y preguntó al dueño.*

—¿Cuánto cuestan los cachorros?

El regreso a villa fe

—Depende de cuál elijas —respondió—. Su precio oscila entre treinta y cincuenta dólares.

El niño sacó todo lo que llevaba en sus bolsillos.

—Solo tengo 2,37 dólares —dijo—. No tengo más dinero, pero ¿puedo verlos, por favor?

El dueño de la tienda sonrió y silbó. De la perrera salió Lady, que corrió por el pasillo de su tienda seguida de cinco diminutas bolas de pelo.

Uno de los cachorros se quedaba bastante atrás. Enseguida el niño señaló al cachorro rezagado y dijo:

—¿Qué le pasa a ese perrito?

El dueño de la tienda le explicó que el veterinario lo había examinado y descubrió que el animalito no tenía cadera. Por esa razón siempre estaría cojo.

El niño, muy emocionado, dijo:

—Ese es el perrito que quiero comprar.

El hombre replicó:

—¿Ese?, no puedo creer que quieras comprar un cachorro cojo. Si realmente lo quieres, te lo regalo.

El niño se enfadó mucho, miró con algo de furia a los ojos del hombre, y señalando con el dedo, dijo:

—No quiero que me lo regale. Ese perrito vale tanto como todos los demás y pagaré su precio completo. Le daré 2,37 dólares ahora y 50 céntimos al mes hasta que lo tenga pagado.

El dueño de la tienda advirtió:

—Ese perrito nunca podrá correr, saltar y jugar contigo.

El regreso a villa fe

El niño se agachó y subió la pernera de su pantalón dejando a la vista su pierna izquierda muy torcida y lisiada, sostenida por una gran abrazadera metálica. Miró entonces al dueño de la tienda y dijo:

— Yo tampoco corro muy bien, y el pequeño cachorro necesitará a alguien que lo entienda.

Aquel relato me acompañó toda la vida y me afirmó en dos verdades reconfortantes: la primera es que Dios se hizo hombre para poder comprendernos totalmente. Gracias a que vivió, rio y también padeció como cualquiera de nosotros, ahora él conoce el sabor de nuestras lágrimas y el calor de nuestras sonrisas. Sabe lo que se siente al estar cansado y la sensación que nos embarga cuando estamos desanimados. Lo sabe porque lo vivió.

La segunda verdad incuestionable que aquel relato grabó en el disco duro de mi mente es que, aquellos que atravesaron el valle del dolor, son los que pueden trazar la hoja de ruta para quienes ahora lo están transitando. Nadie mejor que quien sufrió para comprender al sufriente. Pocas palabras son tan consoladoras como: «Donde tú estás yo estuve y salí fortalecido».

Cuando Dios quiere levantar a un hombre o mujer para usarlos como agentes de consolación en el mundo, los hace practicar con sus propias lágrimas. Enjugando nuestros ojos adquirimos la pericia necesaria para limpiar los ojos de quien llora.

«Debido a que él mismo ha pasado por sufrimientos y pruebas, puede ayudarnos cuando pasamos por pruebas».

—Hebreos 2:18 NTV

_____

_____

_____

_____

_____

_____

_____

_____

_____

_____

_____

DÍA 12

«Aquella mañana salí temprano al porche, y vi a mi abuelo, frente a su Biblia abierta y con los ojos cerrados. Viéndole entregado a la oración hice un ademán de retirarme para no molestarle, pero al dar un paso atrás golpeé una silla con el pie. Se giró sobresaltado y me miró, fue entonces cuando observé que lloraba.

—¿Qué te pasa, abu? —corrí hacia él y me arrodillé a su lado—. Dime, ¿qué te pasa?, ¿por qué lloras?

—Tranquilo, hijo, no me ocurre nada —me abrazó y alborotó mi cabello con su mano—. ¿Qué tal descansaste esta noche?

—Pero, abu, ¿por qué estás llorando? —ignoré su pregunta queriendo que respondiera a la mía—. Si no te pasa nada, ¿por qué lloras?

—No siempre se llora por algo malo —había muchísima ternura en su voz—. Ni siempre es malo llorar.

—¿No?

—Claro que no.

»Tal vez para confirmarlo liberó una carcajada cristalina, y me pareció rarísimo que alguien estuviera riendo con los ojos llenos de lágrimas.

—A veces se llora de alegría —me explicó—.
O de amor, como ahora mismo me ocurre a mí.
   —¿Llorar de amor? —no lo entendía bien—.
¿De amor por quién?
   —De amor por ti —señaló—, y de amor por
la abuelita, y de amor por Dios. ¿Ves? Ya te he
dado tres grandes razones para llorar de alegría y
podría darte muchas más.
   »Mi gesto debía resultar cómico pues cuando
volvió a mirarme rio con ganas y me abrazó.
   —De verdad, hijo, no me ocurre nada —me
decía sin dejar de reír—. Simplemente me siento
tan seguro y confiado en Dios que no tengo
sino ganas de llorar de alegría. Algún día lo
entenderás.
   —¿Te levantas temprano para hablar con Dios?
—le dije.
   —No conozco mejor forma de inaugurar el
día que conversando con aquel que me lo regala
—afirmó—. Hablar con Dios es lo mejor para
conocerle, y conocerle es la perfecta manera de
aprender a confiar en él. No resulta nada difícil
tener fe en Dios cuando le descubres. Cuando te
zambulles en su corazón y conoces a fondo quién
es y cómo es; la fe surge de manera natural».
   —Un verano en Villa Fe, pp. 69 y 70).

El regreso a villa fe

«Y se dijeron el uno al otro: ¿No ardía nuestro corazón dentro de nosotros mientras nos hablaba en el camino, cuando nos abría las Escrituras?».

—Lucas 24:32

Hay experiencias que solo se tienen en la comunión con Dios y solo quien disfruta de esa intimidad puede comprenderlas. Hoy soy consciente de ello porque, impregnado en el ejemplo de mis abuelos, hice de la comunión con Dios una parte de mi vida.

En aquel tiempo me asombraba el hecho de que unos ojos que miraban al Señor pudieran impregnarse en lágrimas, hoy comprendo que son gotas de néctar que surgen de esa íntima factoría.

No hace mucho tiempo leí una historia que me trasladó a aquel particular verano en el que mi vida cambió para siempre:

«Un muchacho cuya edad debía oscilar entre los veinticinco a los veintiocho años, miraba con infantil ilusión por la ventana del tren, y gritaba sin parar:

—¡Papá, mira! ¡Los árboles se mueven y se van alejando!

»El padre sonreía y asentía con mucho cariño.

»Una pareja que estaba sentada cerca de ellos, observaba con extrañeza y algo de compasión el comportamiento infantil de aquel joven.

—¡Papá, mira, las nubes están corriendo con nosotros! —gritó de nuevo el joven—, ¡y el sol también nos sigue!

»La pareja no pudo contener el impulso y, discretamente, se acercó al padre para comentarle:

—Disculpe el atrevimiento, pero nos da la impresión de que su hijo tiene un problema. ¿Por qué no lo lleva a un buen doctor?

»El padre sonrió y les dijo:

—Lo hice, le llevé a un buen médico, de hecho ahora mismo estamos regresando del hospital. Mi hijo era ciego de nacimiento y hoy es el primer día de su vida en que puede ver».

Hay comportamientos que son fruto de una alegría inmensa, incontenible e irrefrenable. Esas actitudes solo serán comprendidas por quienes hayan vivido una experiencia similar. Por ejemplo, quien jamás convirtió el corazón de Dios en almohada, no puede comprender la paz que surge de esa experiencia. Aquel que nunca se sintió arropado y protegido en los brazos de Jesús, no logra entender la confianza de quien vive guarecido en ese abrazo.

Pero este principio también es aplicable en el sentido opuesto: no juzguemos las lágrimas ni gesto amargo de nadie, pues no conocemos qué circunstancia lo provoca.

Hablando de viajes en tren, un hombre hacía un trayecto en uno de ellos; su pierna derecha iba estirada, reposando en el asiento, justo frente a él. El revisor apareció y lo increpó con dureza:

«Señor, no puede llevar la pierna sobre el asiento de enfrente. Quítela de ahí y procure ser un poco más civilizado».

En silencio el increpado retiró la pierna, y el revisor se alejó moviendo de lado a lado su cabeza y murmurando agrias expresiones.

«Si este hombre —explicó el afectado a otros pasajeros que miraban— hubiese tenido su pierna rota por tres sitios, y conociera el dolor que eso produce, no me habría hablado de esa manera».

Nunca deberíamos juzgar a los demás, pues cada persona es un cosmos distinto. Como alguien dijo: «No emitas juicio contra tu vecino sin antes haber caminado varios días dentro de sus zapatos».

Por mi parte, intento leer en las líneas de ceño fruncido y casi siempre he descubierto una desesperada petición de ayuda, porque quien no es capaz de sonreírnos es quien más necesita de nuestra sonrisa.

«Si alguno está alegre, alégrense con él;
si alguno está triste, acompáñenlo en su
tristeza».

—Romanos 12:15 TLA

El mayor regalo que unos padres

pueden hacer a sus hijos

es amarse el uno al otro.

—José Luis Navajo

«—Abu, ¿por qué se llama así [Villa Fe] vuestra casa?

»Se agachó hasta quedar a mi altura, y sonriendo de una manera que me hizo pensar en un soleado amanecer, me dijo:

—Porque hace mucho tiempo la abuelita y yo decidimos creer y amar a Dios. Porque cada día procuramos confiar en él. Porque la fe es la roca sobre la que hemos cimentado esta casa y es también el sendero que recorremos cada día. Porque...

—¡Ya me has convencido, abu! —exclamé interrumpiéndolo. Y como estábamos jugando fútbol, me retiré unos metros y luego chuté con fuerza—. ¿A que la fe no te hace parar este balón?

—¡Mía! —gritó, reteniendo la pelota con ambas manos.

»Después de comer, descansamos un rato y luego el abuelo me invitó a pasear por el bosque. Aquella tarde descubrí que una caminata entre los árboles puede ser una aventura emocionante. Sí, después de esa primera excursión disfruté de otras muchas y jamás me defraudó. Fueron momentos apasionantes, no solo porque casi siempre acabábamos perdidos, y como él decía que los teléfonos móviles son "un endiablado invento de la modernidad", y se resistía a llevar uno consigo, la aventura alcanzaba niveles de escalofrío cuando comenzaba a oscurecer y seguíamos sin dar con el camino de vuelta. Pero al final siempre llegábamos a nuestra acogedora granja, y también siempre, sin excepción, el abuelo se llevaba una buena reprimenda de la abuela.

—¡Toda la vida viviendo aquí y todavía no conoces el camino! —le reprochaba—, ¿cómo es posible que no sepas orientarte?

»El abuelo me guiñaba un ojo como diciendo: "¡Atento!"; se acercaba a ella y la abrazaba con ternura, depositando un tierno beso en su mejilla, mientras decía:

—¡Cuánto quiero a mi encantadora viejita cascarrabias!

»Ella se ruborizaba al adivinar mi presencia y lo volvía a regañar, pero ya sin apenas fuerza:

—¡Quita, quita! ¿Qué va a pensar nuestro nieto?

»Lo único que yo pensaba era que me parecía maravilloso ver a dos ancianitos queriéndose tanto. Lo mismo me ocurría cuando los veía pasear por la pradera tomados de la mano. ¡Parecían dos jóvenes enamorados! Verlos así me hacía recordar la frase que un día me leyó papá: "Un viejo enamorado es como una flor en invierno"».

Un verano en Villa Fe, pp. 30 y 31

El regreso a villa fe

«Más vale ser paciente que valiente;
más vale el dominio propio que conquistar
ciudades».

—Proverbios 16:32 NVI

En ese primer paseo, recuerdo que me mostró una planta de bambú que crecía en un soleado lugar, cerca de la casa.

—Observa esta planta —me dijo señalando el tallo que debía levantar apenas un metro—. Te sugiero que vengas a verla siempre que puedas y luego me digas qué te parece.

Sin entender mucho la encomienda, le prometí que lo haría pero, cosas de los niños, lo olvidé. Pasando diez días recordé mi promesa y me acerqué a ver aquella planta. Observé, boquiabierto, la impresionante altura del tallo. Debía medir cerca de diez metros.

Corrí en busca de abu y le informé:

—¡Abu, el bambú ha crecido muchísimo! ¡Casi se hinca en las nubes!

—Impresionante, ¿verdad?

—Nunca había visto una planta que creciera tan deprisa. Es la más veloz del mundo.

—Al contrario, hijo, el bambú es la planta más lenta de cuantas existen en el mundo.

—Bromeas, abu, yo he visto que en pocos días ha crecido un montón de montones...

—¿Sabes cuánto tiempo hace que planté la semilla del bambú?

Negué con la cabeza.

—Siete años y medio...

Al ver mi gesto de sorpresa, abu decidió explicármelo todo:

—El proceso del bambú es el siguiente: siembras la semilla, la abonas y te ocupas de regarla constantemente. Durante los primeros meses no sucede nada apreciable. En realidad, no pasa nada con la semilla durante los primeros siete años.

—¿Siete años sin que ocurra nada?

—Sin que ocurra nada en la superficie, ni un síntoma de vida, ni una brizna de verde. Un cultivador inexperto estaría convencido de haber comprado semillas muertas. Sin embargo, durante el séptimo año, en solo seis semanas la planta de bambú crece hasta alcanzar los treinta metros de altura.

—¿Tarda solo seis semanas en crecer treinta metros?

El regreso a villa fe

—¡No! —remarcó mi abuelo—. La semilla ha tardado siete años y seis meses en ganar esa altura. Durante los primeros siete años de aparente inactividad estuvo generando un complejo entramado de raíces que sostendrían el crecimiento. Esos siete años de «no ver nada» son fundamentales para que lo que luego se vea sea fuerte y sólido. ¿Sabes que con el bambú se construyen casas e incluso puentes que luego cruzarán vehículos y hasta camiones? Tiene una solidez asombrosa, porque no tuvo prisa en aparecer en escena...

No lo sabía y me asombraba escucharlo. Ahora tengo muy claro que lo que crece muy rápido, muere muy pronto, pero aquello que se fundamenta en la perseverancia y la paciencia, suele ser más consistente y duradero. Nadie se atrevería a levantar un edificio sin antes profundizar y construir buenos cimientos. Sin embargo, en la vida cotidiana muchas personas quieren soluciones rápidas y triunfos apresurados, sin entender que el verdadero éxito suele ser resultado del crecimiento interno y este requiere tiempo.

«Pero, si esperamos lo que todavía no tenemos, en la espera mostramos nuestra constancia».

—Romanos 8:25 NVI

El regreso a villa fe

«Iniciamos la escalada y a los quince minutos me sentí incapaz de continuar.

—No puedo más abu —me dejé caer en el suelo.

—No digas eso —me reconvino—. No digas "no puedo". Descansaremos un rato y verás que enseguida recuperas fuerzas para volver a caminar. Ven —me tendió la mano—. Sentémonos a la sombra de ese árbol.

—Pero es que no tengo fuerzas —me quejé.

—Descansaremos un poco y después reanudaremos la escalada —me explicó—. A medida que vayamos ascendiendo comprobarás que la vista es cada vez más hermosa y eso te animará.

—¿De verdad?

—Te lo aseguro —había determinación en su voz—. Los paisajes más hermosos son para quienes aceptan el sacrificio. El aire más puro, la proximidad del cielo, las grandes promesas de Dios son alcanzadas por quienes están dispuestos a pagar el precio.

—¿Y estamos pagando el precio al escalar? —quise saber.

—Así es, hijo. Por eso alcanzaremos la
promesa. El precio es el sacrificio, el cansancio,
los pies heridos... pero vale la pena y muy pronto
comprobarás que luchar por pisar la cima tiene
una alta recompensa.

»Le sonreí y él me devolvió la sonrisa.

—Bebe un poco de agua —me dijo tendiéndome
una cantimplora—, te hará bien.

»Me senté a la sombra del árbol y reposé mi
espalda sobre el rugoso tronco».

—Un verano en Villa Fe, pp. 30 y 31

«Y no me hago la ilusión, hermanos, de
haberlo ya conseguido; pero eso sí, olvido
lo que he dejado atrás y me lanzo hacia
adelante».

—Filipenses 3:13 BLP

Recuerdo aquel día como si lo estuviera viviendo
ahora mismo. La montaña era impresionante y
su ladera muy empinada, por lo que resultaba
extenuante, cuando me recosté en el árbol y bebí
agua, mi abuelo me contempló con una sonrisa.

El regreso a villa fe

—Al verte tan cansado y sediento he recordado una vieja historia, ¿quieres que te la cuente?

—¡Sí, abu! —lo que fuera con tal de retrasar la escalada.

Se recostó junto a mí, y guarecido por la sombra, mientras una leve y refrescante racha de brisa apaciguaba el sofocante calor, comenzó a relatarme una historia inolvidable:

«En una lejana sabana africana, un león andaba perdido. Llevaba más de veinte días alejado de su territorio, y la sed y el hambre lo estaban matando. Por suerte, encontró un lago de aguas frescas y cristalinas. Corrió veloz y se dispuso a beber, pero al inclinarse al agua vio su rostro reflejado en la superficie. "¡Oh, no!, el lago pertenece a otro león", aterrorizado, huyó sin llegar a beber.

»Así que se mantuvo por los alrededores, sintiendo que la sed era cada vez mayor, y consciente de que si no bebía agua iba a morir. A la mañana siguiente, armado de valor, se acercó de nuevo al lago, al igual que el día anterior, al intentar beber, vio su rostro reflejado y presa del pánico, retrocedió.

»Fue al cabo de varios días y sintiendo que la muerte lo rondaba, cuando tomó la decisión de enfrentarse al dueño del lago. Se aproximó, vio el rostro del león mecerse sobre la calmada superficie y hundió su cabeza en el agua. De inmediato su terrible rival desapareció».

Recuerdo que la historia me causó risa, a la vez que me dejó profundamente pensativo. Luego, en el discurrir de la vida, he podido comprobar que la gran mayoría de nuestros miedos son imaginarios y que, cuando nos atrevemos a enfrentarlos, terminan por desaparecer.

Tal vez estés enfrentando ahora mismo algún íntimo temor que te impide acercarte a tu meta. No permitas que tus pensamientos te dominen y te impidan avanzar con tus propósitos.

«Cambien su manera de pensar para que así cambie su manera de vivir y lleguen a conocer la voluntad de Dios, es decir, lo que es bueno, lo que le es grato, lo que es perfecto».

—Romanos 12:2 DHH

«—¡Mira, abu! —señalé al cielo donde cuatro ejemplares de águila ascendían en un vuelo casi picado, desafiando a la tormenta.

—Ahí lo tienes —replicó—. También en esto son únicas las águilas: aprovechan la tormenta para alcanzar mayor altura.

—¿Usan la tormenta para elevarse? —inquirí.

—Es la única ave que vuela directamente hacia la tempestad —continuó—. La mayoría de los pájaros se alejan de las perturbaciones, pero el águila las utiliza. Las turbulencias proporcionan corrientes de aire sobre las que el ave se sitúa, como si las cabalgara, y sobre ellas asciende sin apenas esfuerzo. Sin batir sus alas gana altura y velocidad. Apoyada en esas corrientes no es raro que alcance los ciento ochenta kilómetros por hora.

—¡Qué lista es el águila! —exclamé, admirado.

—¿Oíste la frase de Henry Ford? —no esperó mi respuesta—, él dijo lo siguiente: *Cuando todo parezca ir contra ti, recuerda que el avión despega contra el viento, no a favor de él.* Ya lo ves, hijo, la aeronáutica aprendió de las águilas».

—Un verano en Villa Fe, pp. 92 y 93

«Los que confían en el Señor renovarán sus
fuerzas; volarán como las águilas: correrán y
no se fatigarán, caminarán y no se cansarán».

—Isaías 40:31 NVI

Con mis abuelos aprendí que cada problema
puede ser el envoltorio en el que venga una gran
oportunidad, pero aprendí también que en ocasiones
debemos tomar decisiones. El águila decide vivir en la
altura y para ello tiene que poner distancia del valle.

En la vida «para hacerme a» debo «alejarme
de». Alguien dijo que madurar es elegir y elegir es
descartar.

Es posible que determinado lugar no sea
estrictamente malo, pero me está distanciando de lo
que es mejor. En definitiva, a veces hay que soltar lo
bueno para poder agarrar lo mejor.

En una ocasión alguien me dijo: No permanezcas
en un lugar en el que no puedas florecer, aunque te
guste.

Deja que te cuente una historia que no me relató
mi abuelo y que, sin embargo, me hizo pensar en él
cuando la escuché:

El regreso a villa fe

Un gran maestro fue enviado a un monasterio para ayudar en la elección de la persona que lo dirigiría. El gran maestro reunió a todos sus discípulos, para escoger a quien tendría ese honor.

«Voy a presentarles un problema —dijo—. Aquel que lo elimine primero será el nuevo dirigente de este templo».

En el centro del salón colocó una mesa y sobre ella puso un bellísimo florero de porcelana con una hermosa rosa roja.

«Este es el problema», señaló y, a renglón seguido, se hizo a un lado.

Los aspirantes contemplaban la escena. Con perplejidad observaban el sofisticado y delicado diseño del jarrón así como la frescura y belleza de la rosa. Uno se animó a aproximarse a la flor y aspirar su aroma, intentando encontrar una pista que le ayudase a resolver el problema.

¿Qué representaba aquello? ¿Cuál era el enigma? Todos estaban bloqueados.

Los minutos fueron transcurriendo hasta que, por fin, uno de los alumnos se levantó, se aproximó y, con determinación, tomó el florero y lo ocultó bajo la mesa.

«Ya ha desaparecido el problema», dijo con tranquilidad.

«Serás el dirigente de este templo —aseguró el maestro enseguida y explicó—: fui muy claro, *les dije que estaban delante de un problema. No importa lo bellos y fascinantes que puedan ser, los problemas tienen que ser resueltos. Puede tratarse de un vaso de porcelana muy raro, un bello amor que ya no tiene sentido, un camino que debemos abandonar, pero que insistimos en recorrer porque nos aporta placer. Solo existe una forma de lidiar con los problemas: afrontarlos hasta eliminarlos. En ese momento no podemos tener piedad, ni dejarnos tentar por el lado fascinante que cualquier conflicto lleva consigo».*

Esta historia me hizo recordar que a menudo debemos tomar decisiones drásticas para enfocarnos en el propósito de Dios para nuestra vida. Hay luces que nos deslumbran, pero no nos alumbran; lejos de orientarnos, nos desorientan. Es posible dejarse cegar por bisutería barata y olvidar las preciosas joyas que Dios puso a nuestro lado.

«No vivan según el modelo de este mundo.
Mejor dejen que Dios transforme su vida con
una nueva manera de pensar. Así podrán
entender y aceptar lo que Dios quiere y
también lo que es bueno, perfecto y agradable
a él»

—Romanos 12:2 PDT

El regreso a villa fe

«—Recuérdalo, hijo —insistió—, la Biblia te compara con las águilas, y eso significa que también a ti llegarán algunas tormentas que te ayudarán a crecer.

—Abu, creo que es muy importante lo que me estás diciendo.

—Lo es —admitió—. Las tormentas que aplastan a unos se convierten en plataformas para otros —y luego volvió a recitar—: levantarán alas como las águilas... La tormenta puede matarnos o hacernos más fuertes, y nunca dependerá de la intensidad de la tempestad, sino de nuestra actitud frente a ella.

Nos mantuvimos guarecidos bajo las rocas y disfrutando del impresionante paisaje. El agua caía como una cortina que apenas permitía ver, y el sonido de los truenos reverberaba en los valles, pero se veían más águilas que antes.

—Pinos laricios —dijo de pronto.

—¿Cómo dices, abu?

—Esos árboles de ahí —señaló a un pequeño bosque cercano, pero apenas visible tras la cortina de lluvia—. Son pinos laricios y la mayoría se

acercan a los mil años de edad —dijo mientras
fruncía los ojos esforzándose por ver a través del
agua—. Debido a la climatología tan adversa
que impera en este lugar, con nieve, vientos muy
fuertes, sol justiciero en verano, han tenido que
fortalecerse para resistir. La madera de estos
árboles es de las más codiciadas.

   —¿Por qué, Abu? —quise saber—. ¿Por qué la
madera de esos árboles es mejor que la de otros?

   —Hay faldas de las montañas que se conocen
como "laderas críticas", son las más afectadas
por los vientos fuertes y los climas más rigurosos.
Los ejemplares que crecen en ellas adquieren
gran fortaleza y una extraordinaria calidad en
su madera —señaló a los pinos para concluir—:
las tormentas hicieron que el árbol madurara
y creciera con una calidad suprema, por eso
su madera es la más cotizada y apreciada.
¿Comprendes?

   »¡Claro que comprendía! Aun mi cerebro en
desarrollo era capaz de entender que no debía
rechazar la adversidad, porque ahora sabía que
era el vehículo en el que viajaba la oportunidad de
crecer, madurar y ser fortalecido».

—Un verano en Villa Fe, pp. 93 y 94

El regreso a villa fe

«Los que confían en el Señor tendrán siempre nuevas fuerzas y podrán volar como las águilas; podrán correr sin cansarse y caminar sin fatigarse».

—Isaías 40:31 DHH

No sé si en este momento estás atravesando una tormenta —ya sabes que me refiero a tempestades del alma: circunstancias adversas que enfrentamos en el discurrir de la vida—, o tal vez acabas de salir de una, o pudiera ser que, aun sin saberlo, estés aproximándote a una de esas etapas difíciles. Sea cual sea tu situación, te sugiere que recuerdes este principio de vida: los problemas pueden ser las plataformas que nos alcen a una nueva dimensión. Hay tramos del camino que parecen el final, cuando en realidad pueden suponer un nuevo comienzo.

¿Alguna vez tuviste a tu cargo los conocidos como gusanos de seda? En mi niñez era típico que los niños tuviéramos una casa de cartón en la que guardábamos esos gusanos para supervisar su proceso. Llegada una época del año, el gusano tejía una crisálida que lo iba envolviendo. Él mismo construía esa cápsula que lo envolvía hasta cubrirlo por completo, lo llamábamos «el capullo del gusano de seda». En ese instante parecía que el animalito había muerto y aquello era su ataúd pero, pasado el tiempo, se apreciaba un ligero movimiento en la crisálida... algo ocurría en su interior.

¿Qué había pasado? Un cambio glorioso había ocurrido en el gusano: lo que parecía su muerte, se convirtió en la entrada a una nueva vida. En la oscuridad se fraguó una metamorfosis que proporcionó alas al gusano y este ya nunca se arrastraría porque en la oscuridad había recibido la capacidad de volar.

Como alguien dijo: «Lo que el gusano llama fin, nosotros lo llamamos mariposa».

Pero déjame que te cuente: Un niño hombre encontró uno de esos capullos justo en el momento en el que la mariposa estaba haciendo una abertura para obtener la libertad. El insecto se esforzaba con ahínco buscando salir, pero el progreso era casi imperceptible. Llegó un instante en que el lepidóptero se detuvo. El niño, impresionado, creyó que la mariposa estaba muriendo, por lo que decidió brindarle ayuda: agarró unas tijeras y cortó lo que quedaba del capullo, entonces la mariposa salió con facilidad, aunque tenía el cuerpo hinchado y las alas pequeñas y arrugadas.

El niño no le dio importancia y se sentó a esperar a que las alas se agrandaran para sostener a la mariposa. Pero eso no ocurrió. La mariposa pasó el resto de su vida sin poder volar, arrastrándose con unas alas diminutas y un cuerpo deforme.

¿La razón?

Ese tiempo de lucha encarnizada durante el que la mariposa se abre camino al exterior, es el proceso que Dios dispuso para que el fluido vital llegue a las alas de la mariposa y a cada parte de su cuerpo. Lo cual le permitirá volar. El niño, queriendo acelerar y facilitar el proceso, condenó a la mariposa a una vida mediocre y miserable.

Nuestras luchas en la vida desarrollan nuestras fortalezas. Sin luchas, nunca crecemos ni nos hacemos más fuertes. Afrontemos los retos con entereza, sabiendo que la lucha es el camino más efectivo hacia la victoria.

«Dios bendice a los que soportan con
paciencia las pruebas y las tentaciones,
porque después de superarlas, recibirán
la corona de vida que Dios ha prometido a
quienes lo aman».

—Santiago 1:12 NTV

El regreso a villa fe

*J*amás una desgracia

será la última noticia.

—JOSÉ LUIS NAVAJO

«—*Abu, entonces, ¿la fe nos ayuda a volar más alto?, ¿es algo así como la capa de Supermán?*

—¡Ja, ja, ja! —*mi ocurrencia lo hizo reír*—. *En un sentido tienes razón. La fe nos hace levantar el vuelo, pero no en la forma como lo hacen los pájaros; me refiero a que a lo largo de la vida uno debe enfrentar situaciones difíciles, algo así como un cielo encapotado, pero la fe nos permite ascender por encima de las nubes y de ese modo descubrimos que el sol sigue brillando al otro lado.*

En ese preciso momento, como si hubiera escuchado nuestra conversación, una nube se interpuso entre el sol y nosotros haciendo que la temperatura descendiera varios grados y provocando un agradable frescor.

—Mira, abu —*señalé a la nube*—. *No siempre es malo que el sol se nuble, ahora mismo ayuda a que estemos más fresquitos para seguir escalando.*

»Me miró por largos segundos. Reflexionaba en lo que acababa de decirle.

—¡Qué gran verdad has pronunciado! Las nubes no siempre son malas y la fe nos ayuda a hacer de la aparente amenaza una gran oportunidad. Convierte el dolor en aliado y al sufrimiento en un

extraordinario maestro. Con la fe, el dolor no nos destruye sino que nos construye».

Un verano en Villa Fe, pp. 107, 108

«Ser paciente es muestra de mucha
    inteligencia;
ser impaciente es muestra de gran
    estupidez».

—Proverbios 14:29 DHH

Verdad que tenemos una tendencia natural a ver la nube en vez de la sombra que proporcionan. De niño, cuando llovía, pegaba mi nariz al cristal de la ventana, muy enfadado a causa de la lluvia que me impedía salir a jugar. Ahora, cuando llueve, miro al cielo agradecido por la manera en que nos regala el agua que limpia la atmósfera y fertiliza la tierra.

Es bueno intentar descubrir los regalos que Dios nos ofrece, aunque en ocasiones vengan envueltos en empaques onerosos. Descubramos su gracia, que a veces nos visita envuelta en aparente desgracia. Cuando soy tentado a lamentar aquello desagradable que me rodea, procuro recordar la historia que hace muchos años alguien me contó:

Había una vez una rosa roja muy bella y bastante presumida. Se estiraba en su tallo, ansiosa de que todos la apreciasen, pues sabía que era la flor más hermosa del jardín. Un día descubrió que las personas la admiraban, pero de lejos. No se aproximaban para apreciarla. Indagando descubrió la causa: A su lado, muy cerca del tallo del rosal, había un sapo de enorme tamaño y piel muy oscura, esa era la causa de que nadie se aproximara para verla de cerca. Indignada, la rosa ordenó al sapo que se fuera de inmediato. El batracio, obediente, dijo:

—Está bien, si eso es lo que quieres, me marcharé.

Poco tiempo después, el sapo pasó junto al rosal y se sorprendió al ver la rosa totalmente marchita.

—¡Te ves muy mal! —le dijo—. ¿Qué te ha pasado?

—Las hormigas me devoran —respondió la rosa.

—Claro —afirmó el animal—, cuando yo estaba aquí me comía a esas hormigas y por eso siempre eras la más bella del jardín.

A menudo despreciamos circunstancias, e incluso a personas, que parecen ser incómodas o cuyo trato no nos agrada, sin embargo tales vivencias e individuos pueden estar ayudándonos, aun sin que lo sepamos, a crecer y ser mejores. El que nos impacienta, está ayudándonos a desarrollar la virtud de la paciencia y quien nos enoja con su forma de actuar, facilita que desarrollemos el autocontrol y el dominio propio. De todos y de todo tenemos algo que aprender.

> «No se preocupen por nada; en cambio, oren por todo. Díganle a Dios lo que necesitan y denle gracias por todo lo que él ha hecho».
>
> —Filipenses 4:6 NTV

«Nos detuvimos en una pequeña llanura en la ladera del monte y observé el impresionante paisaje que se abría ante nosotros.

—¡Es precioso! —grité.

—¡Precioso!, ¡precioso!, ¡precioso! —así, hasta tres veces, escuché repetida la exclamación.

—Abu, ¿qué ha sido eso? —pregunté a voz en grito. "¿Eso?, ¿eso?, ¿eso?" —de nuevo mis palabras se reprodujeron en el aire.

—¡Dios es fiel! —clamó mi abuelo.

»Varias veces resonó aquella hermosa declaración en todo el valle.

»Ante mi gesto de perplejidad, mi abuelo decidió explicarme lo que estaba pasando:

—Se llama eco —me dijo—, y gracias a él puedes escuchar repetido aquello que pronuncias.

—¡Qué raro! —aquello era algo nuevo para mí—. ¿Justo lo que digo lo repiten las montañas?

—Así es —afirmó—. La razón es que las ondas sonoras que provoca tu voz, chocan contra las laderas de las montañas de enfrente y regresan a ti, repetidas varias veces. Escucha —me dijo, y enseguida gritó—: ¡Necio!

»"¡Necio! ¡Necio! ¡Necio!", repitieron las montañas.

—¿Ves? —explicó—. Yo he gritado un insulto y las montañas me devuelven un insulto —a continuación mi abuelo puso sus dos manos en torno a su boca, haciendo de amplificador y chilló—: ¡Te amo!

»De inmediato, las montañas le devolvieron el cumplido. Yo asistía atónito a aquel espectáculo sonoro. Mi abuelo me invitó a sentarme a la sombra de un árbol y allí me explicó algo que nunca olvidaré».

—Un verano en Villa Fe, pp. 111, 112

Aquel día aprendí algo que me ha sido muy útil en múltiples ocasiones: la vida suele respondernos según le hablemos. Si decidimos enfrentar la vida desde el amor, recibiremos amor, no siempre de inmediato, pero es una labor de siembra que producirá una cosecha. Del mismo modo, si afrontamos las circunstancias desde el resentimiento y el enojo, también obtendremos eso como resultado.

Como digo, la cosecha no es instantánea. No suele recibirse de inmediato el fruto de nuestra siembra, no desesperes si tu amor no es correspondido de inmediato, nuestra labor es arrojar la semilla, es cosa de Dios producir el crecimiento.

La manera en que mi abuelo me enseñó esta lección fue como acostumbraba, mediante una historia de esas que me dejaban pensando varias horas:

—Escucha hijo, quiero contarte una historia.

«Había una vez, en un lejano pueblo, una casa abandonada. Cierto día, un perrito acalorado, buscando refugio, logró meterse por entre las maderas viejas de la puerta de esa casa. El animal subió las escaleras y entró en una habitación. Para su sorpresa, descubrió que había mil perros como él... los miró fijamente, comenzó a levantar sus orejitas y los otros hicieron lo mismo. Luego comenzó a mover su cola y todos le imitaron. Les ladró como si les hablara, y todos le respondieron. Quedó muy gratamente sorprendido y salió del cuarto pensando: "Qué lugar tan maravilloso; vendré a visitarlos más a menudo".

»Tiempo después, otro perrito callejero logró entrar en la casa. Agitado y corriendo subió hasta aquel cuarto. Al observar a los mil perritos que lo miraban se sintió intimidado y comenzó a gruñir. Todos le respondieron de igual manera... comenzó a ladrar muy fuertemente; muy enfurecidos le *respondieron con ladridos. Lleno de miedo huyó de aquel lugar, pensando: "¡Qué lugar más horrible, jamás volveré!".*

»Al frente de la casa, había un cartel que decía: "La casa de los 1000 espejos"».

Recuerda siempre que si la vida te presenta mil razones para llorar, puedes demostrarle que hay mil y una para reír.

El texto en que ahora te propongo meditar es una oración que el apóstol Pablo elevaba en beneficio de la comunidad de creyentes que estaba en Roma. También es hoy mi oración a favor de tu vida y, ¿por qué no?, también de la mía.

«Que el Dios de la esperanza, llene de alegría y paz vuestra fe para que desbordéis de esperanza sostenidos por la fuerza del Espíritu».

—Romanos 15:13 BLP

La grandeza de una

persona no se mide

por lo que tiene,

sino por lo que da.

—JOSÉ LUIS NAVAJO

«—*Observa esto —dijo entonces el abuelo—. ¿Ves lo que tengo en la mano?*

—¡Es pan molido! —respondí enseguida—. Como el que usa aba para cocinar.

—¡No! —replicó la abuelita riendo—. No es pan, aunque lo parece, sino serrín.

—¿Serrín? —no sabía qué era eso.

—Ralladura de madera —explicó mi abuelo—. Por su aspecto y color parece pan, pero es madera desmenuzada. ¡Atento! —el abuelo tendió la mano junto a unos hambrientos pajarillos, pero estos lo ignoraron totalmente—. ¿Te das cuenta?

—¡Jo! —repliqué—. A mí me has engañado, pero a los pajarillos no.

—¡Mira ahora! Este sí es pan que he rallado para las croquetas que haré mañana —era la abuelita tendiendo su mano.

De inmediato cuatro pajarillos volaron posándose sobre aquella mano y picotearon el pan.

—¡Qué listos son! —exclamé—. No se han confundido.

—Saben distinguir el verdadero pan de aquel que es falso —concluyó mi abuelo—. Espero

que cuando crezcas recuerdes este ejemplo. En el camino encontrarás muchas imitaciones y falsificaciones de la verdadera fe; muchos que te invitarán a depositar tu confianza en ellos, que predicarán un evangelio parecido al verdadero, pero que no será el verdadero —el abuelito me miró largamente y con mucha intensidad mientras añadía—: ¡No aceptes imitaciones ni te conformes con sucedáneos! Solo Dios es, solo Dios puede, solo Dios sabe... no te conformes con menos. Deposita tu confianza en Dios. Esa es la verdadera fe».

—Un verano en Villa Fe, pp. 74, 75

«El prudente ve el peligro y lo evita;
el imprudente sigue adelante y sufre el
daño».

—Proverbios 27:12 DHH

Dios nos ha dotado con la capacidad de discernir entre lo verdadero y lo falso, por lo que es muy conveniente que en nuestro diario vivir usemos ese discernimiento. Hay piedras sobredoradas que parecen oro, pero no lo son. Si nos dejamos seducir por la apariencia sufriremos graves decepciones, pero si nos enfocamos en la esencia evitaremos serios disgustos. Esto ocurre en todos los ámbitos, incluida la elección de la persona con la que compartiremos nuestro peregrinar en la tierra. Por supuesto que el hombre o la mujer a quien nos uniremos de por vida debe resultarnos atractivo... Es más, ¡debe gustarnos mucho!, pero será sabio si buscamos algo más que casarnos con una cara bonita o un cuerpo bien modelado.

Mucho más importante que el color de unos ojos, es el enfoque de la visión; más trascendente que la longitud de unas piernas es el tamaño del corazón. Más relevante que la forma de unas manos es, en qué emplea él o ella esas manos...

No compramos un perfume porque nos seduzca el envase, sino porque nos cautiva la esencia que el frasco contiene, la misma norma debería regir al momento de seleccionar compañero o compañera de vida.

Hablando de relaciones de pareja, llegó a mis oídos una interesante historia que me apetece contarte, pues creo que te hará sonreír:

Ocurrió hace muchísimo tiempo en una aldea del norte de Italia. El propietario de un pequeño negocio debía una gran suma de dinero a un usurero. Este era un tipo muy viejo, de aspecto poco atractivo y carácter repulsivo. Casualmente

—*y lamentablemente también*— *se había encaprichado con la hija de su deudor.*

El usurero ofreció al infeliz endeudado un trato con el que podría amortizar completamente la deuda: todo quedaría saldado si él podía casarse con la hija del empresario.

Por supuesto que la propuesta no fue recibida con agrado, ni por el arruinado comerciante, ni por la hija del mismo, pero la ley amparaba al usurero y la pena a la que se enfrentaba el deudor era varios años de cárcel. Finalmente llegaron a un acuerdo: el usurero dijo que pondría dos guijarros en una bolsa, uno blanco y otro negro. La hija tendría que meter la mano en la bolsa y sacar uno de ellos. Si extraía el negro, la deuda quedaría saldada, pero el usurero se casaría con ella. Si sacaba el guijarro blanco, la deuda también quedaría anulada, pero la hija no tendría que casarse.

El viejo se agachó en un sendero lleno de guijarros y recogió dos. La hija se dio cuenta de que había obrado con trampas, cogiendo dos guijarros negros e introduciéndolos en la bolsa.

A continuación pidió a la muchacha que metiera la mano y sacase una de las piedras.

La chica, en un arranque de sagacidad, sacó una piedra de la bolsa y, antes de mirarla, la dejó caer «accidentalmente» en medio de los otros guijarros.

Con tono lastimero se disculpó:

—Oh, qué torpe soy… pero no hay problema, si busca en la bolsa la piedra que queda, podrá saber qué color fue el que cogí.

El guijarro que quedaba en la bolsa era, obviamente negro, y como el usurero no quiso quedar como un tramposo, tuvo que hacer como si el guijarro que la chica dejó caer fuera el blanco, por lo que debió dar por saldada la deuda de su padre.

La conclusión que intento transmitir es que Dios nos creó con una capacidad admirable para elegir lo que es adecuado y también para sobreponernos a las trampas que personas sin escrúpulos quieran tendernos.

Enfrentemos la vida con sensatez y seamos selectivos a la hora de elegir lo que hacemos y con quién lo hacemos.

«He aquí, yo os envío como a ovejas en medio de lobos; sed, pues, prudentes como serpientes, y sencillos como palomas»

—Mateo 10:16

El regreso a villa fe

«—No nos falta mucho —me animaba el abuelo—. Agárrate fuerte a mi mano que aquí hay un desnivel muy pronunciado.

»Lo siguiente lo recuerdo vagamente, como envuelto en neblina; algunas escenas las he olvidado por completo, seguramente porque me perturba mucho el recordarlas.

»Iba aferrado a la mano de mi abuelo cuando, de pronto, lo perdí. Su mano se escurrió y él desapareció de mi lado. Enseguida escuché golpes, como de un pesado bulto que se precipitara pendiente abajo y que en su descenso chocara contra los salientes de la montaña.

»Supe de inmediato que aquellos ruidos eran producidos por el cuerpo de mi abuelito.

»Tuve miedo.

»En el sobresalto, mi linterna también cayó y pude ver el reflejo de la luz alejándose en el precipicio hasta desaparecer. Una mezcla de sensaciones entre las que prevalecían tristeza, miedo y desesperanza, me embargó, provocándome un pánico creciente.

—¡Abuelo! —grité con todas mis fuerzas—. ¿Dónde estás, abuelito?

»*Esperé unos segundos y no obtuve respuesta. Repetí una y otra vez la pregunta. Grité y grité, hasta quedarme sin voz. Luego callé y permanecí rígido como una estatua. El miedo me paralizó. No me atrevía a moverme ni un milímetro por temor a pisar en el vacío y despeñarme por la ladera. Apenas respiraba*».

—Un verano en Villa Fe, pp. 121, 122

«Cuando pases por aguas profundas, yo estaré contigo. Cuando pases por ríos de dificultad, no te ahogarás. Cuando pases por el fuego de la opresión, no te quemarás; las llamas no te consumirán».

—Isaías 43:2 NVI

¿Te ha ocurrido alguna vez que, de pronto, aparece en tu camino un abismo insondable, y parece que todo se derrumba?

Los abismos aparecen sin avisar, de forma repentina y totalmente inesperada. Yo lo viví ese día; mi abuelo y yo acabábamos de vivir un momento imposible de olvidar, viendo los cielos nocturnos. Jamás, ni antes ni después de ese día, he asistido a

un paisaje más bello, pero minutos después estaba
viviendo el momento más duro de mi existencia: ver
cómo desaparecía mi abuelo, precipitándose por un
desfiladero en una noche de oscuridad cerrada.

El texto bíblico que inaugura esta reflexión
contiene un par de claves esenciales para alentar
nuestra fe:

La primera: las aguas profundas llegarán, y
también llegará el fuego de la prueba. Es importante
notar la manera en que la Biblia dice «cuando
pases...». No dice «si llegases a pasar...». Las
dificultades llegarán, es decir, son inevitables.

La segunda clave que subyace en ese texto: el agua
no nos ahogará, ni el fuego nos abrasará, porque él
no nos suelta de la mano.

Hoy, con la experiencia que el tiempo va
depositando en nuestras vidas, puedo afirmar que
con frecuencia nuestra tragedia es mucho más
aparente que real —vaya por delante mi máximo
respeto y una sincera empatía hacia quien en este
momento pueda estar sufriendo una circunstancia
que lo oprime y entristece—. Déjame que te lo
explique: a veces las cosas parecen torcerse de
forma dramática, pero eso es solo en la dimensión
superficial, porque si alcanzásemos a ver esa
parte oculta donde se fraguan los desenlaces,
apreciaríamos algo muy distinto. A menudo las
grandes oportunidades llegan disfrazadas de derrota.

Bajo el camuflaje de una gran crisis suele venir una enorme oportunidad.

¿Oíste hablar de Thomas Alva Edison? Fue el creador de la lámpara incandescente y, por lo tanto, el padre de un invento que cambió la historia, pero no todos saben que antes de que la primera bombilla alumbrase por un brevísimo espacio de tiempo, Edison asistió a dos mil pruebas fallidas. En una ocasión alguien le preguntó: ¿Qué se siente al fracasar dos mil veces? La respuesta del genio fue: no fracasé ninguna vez, fue un experimento en dos mil fases. Esa actitud le permitió patentar más de mil inventos, uno cada quince días de su vida adulta. Recuérdalo, la actitud que adoptemos frente a nuestros errores decidirá que estos sean fosos que nos traguen o plataformas que nos alcen. Convirtamos la llaga en arado y los tropiezos en escalones. Cuando tropieces, porque tropezarás, convierte tu error en maestro, aprendiendo de él. Eso se llama «caer hacia adelante», haciendo de la caída un paso más hacia la meta.

Como sé que estás preocupado por el desenlace de la aventura que abu y yo vivimos y, en especial, por el estado de mi abuelo tras su caída, no te dejaré con la intriga y en la siguiente jornada de este devocional comentaré cómo concluyó aquella complicada noche de golpes y caídas.

El regreso a villa fe

«Cuando siento miedo, pongo toda mi confianza en ti».

—Salmos 56: PDT

_____

_____

_____

_____

_____

_____

_____

_____

_____

_____

«¿Qué le había ocurrido a mi abuelo? ¿Dónde estaba?

»Lloré.

»Lo hice con todas mis fuerzas hasta que estas me abandonaron.

»Fue justo al percibir que me había debilitado totalmente, cuando las palabras que mi abuela me dijo el día en que la vi dando de comer a los pajarillos vinieron a mi mente: Dios cuida de nosotros; él es un padre amoroso y cuidadoso. Y allí, en la aterradora oscuridad, esas palabras resplandecieron como una antorcha.

—¡Dios cuida de nosotros! —grité—. ¡Dios cuida de nosotros!

»Seguí repitiéndolo cada vez más alto y, a medida que pronunciaba esa verdad, el miedo se desvanecía y en su lugar iba asentándose una cálida sensación de paz.

—¡Dios cuida de nosotros! —clamé tanto que la garganta me ardía.

»Una voz llegó hasta mí con la fuerza de un trueno:

—¡Hijo!

»*El sonido me produjo un sobresalto.*

—¡*Hijo!*

»*El grito llegó con claridad, aunque parecía provenir de un lugar lejano. Pero... ¡esa era la manera como me llamaba el abuelo!*

—¿*Abu?* —*interrogué y aguardé unos segundos—. ¡¡Abu!!* —*fue casi un aullido y luego dejé de respirar para escuchar la respuesta.*

—*Sí, soy yo* —*la voz se escuchó firme, aunque amortiguada por el cansancio—. No dejes de hablar, hijo, el sonido me guiará hasta el lugar donde estás.*

—¡*Dios cuida de nosotros!* —*volví a repetirlo con todas las fuerzas de que era capaz—. ¡Dios cuida de nosotros!*

—*Ya te veo, hijo...*

—*Abu, ¿estás bien?* —*pregunté muy preocupado.*

—*Sí* —*se le escuchaba cada vez más cerca—. Me resbalé en un desnivel y caí. Estaba desorientado, pero tus palabras* —*y concretó—, tu* "*¡Dios cuida de nosotros!*", *me guio hasta ti*»

—Un verano en Villa Fe, pp. 122-124

«Por eso les digo: No se preocupen por su vida,
qué comerán o beberán; ni por su cuerpo,
cómo se vestirán. ¿No tiene la vida más valor
que la comida, y el cuerpo más que la ropa?
Fíjense en las aves del cielo: no siembran
ni cosechan ni almacenan en graneros; sin
embargo, el Padre celestial las alimenta. ¿No
valen ustedes mucho más que ellas?».

—Mateo 6:25-26 NVI

No conozco un reposo equiparable a la cabeza
en el corazón de Dios y soñar. Cuando llegue la
lucha, deja que la brisa de la fe avive los rescoldos
de viejas ilusiones casi extinguidas. El error
más grande lo cometemos cuando, por temor a
equivocarnos, dejamos de arriesgar en el viaje hacia
el cumplimiento de nuestro propósito en la vida.

Aparecerán abismos y desniveles en el camino,
pero no permitas que te frenen. Sigue adelante
con tu confianza puesta en Dios. Si tu corazón
late por el calor de una visión, persíguela hasta
alcanzarla. Sheryl Sandberg, directora de operaciones
de la empresa Facebook, dio un discurso con motivo
de un acto de graduación de Barnard College, en el
año 2011. En su charla retó a los alumnos con las
siguientes palabras: «No dejéis que vuestros miedos

arrollen vuestros deseos. Dejad que las barreras a las que os enfrentáis —y habrá barreras— sean externas, no internas. La fortuna favorece a los audaces, y os aseguro que nunca sabréis de qué sois capaces hasta que lo intentéis».

Tampoco son desdeñables las palabras de Nelson Mandela: «Aprendí que el coraje no es ausencia de miedo, sino el triunfo sobre él. El hombre valiente no es quien no siente miedo, sino el que es capaz de conquistarlo».

El texto bíblico que figura en el comienzo de esta reflexión que hoy leíste, ha llegado hasta mí como un soplo de fe revitalizante. También el siguiente texto, de autor desconocido, me alcanzó en un tiempo de incertidumbre y me afirmó en la idea de que el peor error que podemos cometer en la vida es no arriesgarnos a errar en el cumplimiento del propósito de Dios con nuestra vida:

«No falla el río cuando, al encontrar una montaña, retrocede para retomar su rumbo al mar; se equivoca el agua que por temor a errar, se estanca y se pudre en la laguna.

»No se equivoca la semilla cuando muere en el surco para hacerse planta; falla la que por no poner su vida bajo la tierra, renuncia a ella y se corrompe en la superficie.

»No se equivoca el hombre que ensaya distintos caminos para alcanzar sus metas, sino aquel que por temor a equivocarse no actúa.

»No se equivoca el ave que practicando el primer vuelo cae al suelo, el error lo comete aquel que por temor a caer permanece en el nido, renunciando a volar».

Reflexiona en lo que hoy has leído. Ingiere y digiere estas cápsulas de «vitamina fe», y levántate con confianza para proseguir en el cumplimiento de tu misión.

«Benditos son los que confían en el Señor y han hecho que el Señor sea su esperanza y confianza. Son como árboles plantados junto a la ribera de un río con raíces que se hunden en las aguas. A esos árboles no les afecta el calor ni temen los largos meses de sequía. Sus hojas están siempre verdes y nunca dejan de producir fruto».

—Jeremías 17:7, 8 NTV

El regreso a villa fe

«—Pero yo creía que teniendo fe todo se arreglaba rápidamente —así le dije a mi abuelito.

—La fe hace que las cosas sean posibles, pero no hace que las cosas sean fáciles —puntualizó él—. Dios sabe que necesitamos ejercitar nuestros músculos emocionales y espirituales, y eso ocurre a través de las pruebas.

—¿Músculos emocionales y espirituales?

—Sí —repuso el abuelo—, del mismo modo que nuestros brazos y piernas desarrollan musculatura mediante el ejercicio, también nuestra fe se robustece a través de las dificultades. Las tormentas de la vida son como el gimnasio del alma.

—¿Las dificultades también nos dan fuerza sobrenatural?

—También —aseguraron los dos al unísono»

—Un verano en Villa Fe, p. 136

El regreso a villa fe

«Porque con el juicio con que juzgáis, seréis juzgados, y con la medida con que medís, os será medido».

—Mateo 7:2 RVR1960

Creo que uno de los gimnasios más efectivos para el alma y una de las cosas que más robustecen nuestro carácter, son las relaciones humanas. Espera que te lo explico, me refiero a esas relaciones puntillosas, complicadas y que nos llevan al límite de la paciencia.

Si somos capaces de mantener el control y la compostura frente a las personas que exhalan toxicidad, podemos decir que somos de carácter inquebrantable. No pretendo con esto alentar la búsqueda de tales relaciones, con el objetivo de desarrollar fortaleza. En absoluto. Más bien defiendo lo contrario: Debemos protegernos de las personas que nos drenan e intoxican. Pues una sobredosis de relaciones nocivas pueden amargar y envenenar. Sin embargo, hay momentos, circunstancias y encuentros que no podemos eludir y, entonces sí, es la ocasión de mostrar grandeza de carácter, y de allí saldremos fortalecidos; además, esas ocasiones son inmejorables para dejar un claro testimonio de lo que Dios hizo en nosotros. Y no olvidemos la ley de la vida que Jesús promulgó: lo que sembramos será lo que cosechemos. Quien siembra paz recogerá bonanza. Quien siembra vientos, recogerá tempestades.

Mi abuelo me lo hizo ver con una historia:

«*Había un granjero que vendía una libra de mantequilla a un panadero. Un día, el panadero decidió pesar la mantequilla para ver si recibía la cantidad correcta, y vio que no llegaba al peso acordado. Enfadado por ello, llevó al agricultor a los tribunales.*

»El juez preguntó al granjero si utilizaba alguna medida para pesar la mantequilla. El agricultor respondió: "Señoría, yo soy primitivo. No tengo una medida adecuada, pero utilizo una balanza de esas antiguas, de dos platillos. Y le aseguro que la balanza está bien equilibrada".

»El juez preguntó:

—*Entonces, ¿cómo pesa la mantequilla?*

»El granjero contestó:

—*Señoría, mucho antes de que el panadero empezara a comprarme mantequilla, yo le he estado comprando un kilo de pan. Cada día, cuando el panadero trae el pan, lo pongo en un plato de la balanza y le doy el mismo peso en mantequilla.*

»*El juez entonces condenó al panadero por haber estado estafando durante mucho tiempo con el peso del pan*».

Es posible que, como me ocurrió a mí, esta historia te haya hecho sonreír. Dios nos ayude a ser ejemplos de justicia y veracidad, pues si lo hacemos, cosecharemos un fruto de paz y vida.

«No se dejen engañar: nadie puede burlarse de la justicia de Dios. Siempre se cosecha lo que se siembra».

—Gálatas 6:7 NTV

_____

_____

_____

_____

_____

_____

Cuando una montaña es grande solo se precisa una determinación más grande todavía.

—José Luis Navajo

«Pero apenas he dicho nada de ella... Déjame
que te hable ahora de mi abuela. Ella era... era...
¡impresionante! Sentía por ella un intenso amor,
teñido de respeto y admiración. Me encantaba
verla cuando salía al porche al caer la tarde
para su tiempo de lectura. En una mano su
bastón, en la otra su Biblia, la cual transportaba
con tal devoción que, más que portarla, parecía
abrazarla. Su cabello blanco era reflejo de un
alma más blanca todavía. Varias veces me dio
la impresión de que cuando ella salía al porche,
Dios salía de su mano. ¡Y cantaba durante todo
el día! No lo hacía muy bien, pero ponía tanto
cariño al entonar que al final acababa gustándote.
Y cuando guisaba lo hacía con una tranquilidad
asombrosa, ¡siempre a fuego lento!»

—Un verano en Villa Fe, p. 43

«No se preocupen por nada; en cambio, oren
por todo. Díganle a Dios lo que necesitan y
denle gracias por todo lo que él ha hecho. Así
experimentarán la paz de Dios, que supera
todo lo que podemos entender. La paz de Dios
cuidará su corazón y su mente mientras vivan
en Cristo Jesús».

—Filipenses 4:6-7 NTV

Si tuviera que resumir a mi abuelita, diría que
fue una mujer de cabello blanco y alma más blanca
todavía que dejaba a su paso una estela de paz.

Su forma de moverse, de hablar, de reaccionar,
mostraba un equilibrio mental admirable. Su mente
estaba serena y proyectaba esa serenidad por cada
poro de su piel.

El texto que hoy abre esta reflexión era un lema
en su vida. Muchas veces me lo dijo:

«Tenemos dos alternativas al enfrentar la vida:
podemos preocuparnos o podemos orar. Si oro
mucho, me preocuparé poco; si oro poco, me
preocuparé mucho».

Entonces abría la Biblia y, con su dedo rugoso,
señalaba ese versículo que ella tenía subrayado en
varios colores: «Oren por todo... y la paz de Dios
cuidará su corazón y su mente....

»¿Lo ves, hijo? Si oramos nuestra mente estará cuidada y en paz».

He procurado hacer de ese consejo una forma de vida, llevando cada ansiedad a mi rincón de oración. Allí, en la intimidad con Dios, a veces me postro deshecho, pero siempre me levanto rehecho.

Un día, ella misma quiso comentarme lo importante de tener paz en la mente y ejercer un buen control sobre nuestro pensamiento, y lo hizo al estilo de mi abuelo, contándome una historia:

«Érase una vez un leñador que un día se dio cuenta de que no tenía su hacha. Sorprendido y muy preocupado salió al campo a buscarla. Se encontró cerca de su casa al vecino que, como siempre lo hacía, lo saludó sonriente.

»Mientras el vecino entraba en su casa, el leñador empezó a sospechar que tal vez hubiese sido el vecino quien le había robado el hacha.

»De hecho, ahora que lo pensaba, su sonrisa parecía nerviosa, tenía una mirada extraña e incluso juraría que le temblaban las manos.

»Siguió alimentando el pensamiento y reparó en que el vecino tenía expresión de ladrón, caminaba como un ladrón y hablaba como un ladrón.

»Todo ello iba pensando el leñador, cada vez más convencido de haber encontrado al culpable del hurto, cuando reparó en que sus pasos lo

habían llevado al bosque donde estuvo la noche anterior.

»De pronto, tropezó con algo y cayó al suelo. Cuando miró el objeto que lo hizo tropezar, encontró su hacha enterrada en la hierba.

»El leñador regresó a su hogar con el hacha y bastante avergonzado por haber alimentado las sospechas. El vecino salía en ese instante de su casa y el leñador comprobó que su sonrisa, su expresión, su forma de caminar y su manera de ver eran —y lo habían sido en todo momento— las de siempre».

—Hijo —concluyó mi abuela—, cuida tu manera de pensar, porque tu pensamiento suele controlar tu vida. Si alimentas un pensamiento feo, toda la vida se afeará; pero si decides encender bellas luces en tu mente, verás la vida llena de luz.

Creo que por hoy no añadiré nada más. Es suficiente con la sabiduría de mi abuelita.

«Por lo demás, hermanos, todo lo que es verdadero, todo lo digno, todo lo justo, todo lo puro, todo lo amable, todo lo honorable, si hay alguna virtud o algo que merece elogio, en esto meditad».

—Filipenses 4:8

El regreso a villa fe

«Caminamos a buen ritmo y pronto estuvimos al pie del inmenso monte.

—¡Qué grande es! —resoplé agitando mi mano ante la gigantesca mole de tierra y roca. Al pie de la ladera me parecía mucho más grande—. Abu, creo que no voy a ser capaz de subir —al ver la imponente montaña que se alzaba ante mí, se me quitaron las ganas de aventurar.

—Es cierto que la montaña es grande —reconoció mi abuelo, y enseguida añadió—: sin embargo, nuestra determinación por escalarla es más grande todavía.

»Observando que el temor seguía pintado en mi rostro, se agachó de tal modo que sus ojos quedaron frente a los míos y entonces sentenció con autoridad impregnada en cariño:

—La fe es la capacidad de contemplar la ladera escarpada, reconocer que el ascenso será difícil, pero declarar que nuestras alas lograrán posarnos sobre la cima.

»No lo entendí completamente, pero la seguridad que chorreaba en la sentencia fue una inyección de ánimo para mí»

—Un verano en Villa Fe, p. 85

«Todo el que ha nacido de Dios vence al
mundo. Esta es la victoria que vence al
mundo: nuestra fe».

—1 Juan 5:4

Estoy convencido de que Dios nos ha diseñado a
cada uno de nosotros con un propósito específico. No
cabe en Dios la arbitrariedad ni el capricho, sino que
usó de economía creativa, desarrollando a cada ser
humano de manera perfecta para un plan perfecto.
Por otro lado, también me embarga la certidumbre
de que el ser humano es feliz en la medida en que
está en el centro de Dios para su vida. Cuando
encontramos el lugar y la función para la que fuimos
creados, allí está la serenidad de alma y el reposo del
espíritu, allí somos felices.

La pregunta es, si todo está tan claro, ¿por qué
hay millones de personas que no están donde deben
estar y haciendo lo que deben hacer?

Aventuraré una respuesta: porque ocupar el
lugar que nos corresponde implica dejar la zona de
confort, y a menudo conlleva ir a aguas profundas
que nos atemorizan.

El regreso a villa fe

Abu también lo creía así, y el día que le expresé mi temor de ascender a aquel monte, me miró con ternura e inició el relato de esta historia:

«*Dos semillas estaban juntas en el suelo. El día era primaveral y el terreno fértil. Una de las semillas dijo:*

—¡Yo quiero crecer! Quiero hundir mis raíces en la profundidad del suelo que me sostiene y hacer que mis brotes empujen y rompan la capa de tierra que me cubre... Quiero desplegar mis tiernos brotes como estandartes que anuncien la llegada de la primavera... ¡Quiero sentir el calor del sol sobre mi rostro y la bendición del rocío de la mañana sobre mis pétalos!

»Y así creció convirtiéndose en un robusto árbol que proporcionaba sombra y fruto.

»La segunda semilla dijo:

—Tengo miedo. Si envío mis raíces a que se hundan en el suelo, no sé con qué puedo tropezar en la oscuridad. Si me abro paso a través de la dura corteza de tierra puedo dañar mis delicados brotes... Si dejo que mis capullos se abran, quizá un caracol intente comérselos... Si abriera mis flores, tal vez algún chiquillo me arrancará del tallo. No, es mucho mejor esperar a que llegue un momento seguro.

»Y así esperó.

El regreso a villa fe

»*Una gallina que, a comienzos de la primavera, escarbaba el suelo en busca de comida encontró la semilla que esperaba y sin pérdida de tiempo se la comió*».

Concluida la historia, mi abuelito me miró con simpatía y me dijo:

—¿Subirás conmigo al monte o vas a esperar a que te coma la gallina? —y cerró su pregunta con una risa tan limpia que me hizo pensar en un arroyo de agua cristalina.

Hoy te dirijo a ti la misma pregunta: ¿Quieres ascender a la cumbre del propósito que Dios diseñó para ti o esperarás a que te coma la gallina?

«Cuando pidan en oración, asegúrense de
que su fe sea solamente en Dios, y no duden,
porque una persona que duda tiene la lealtad
dividida y es tan inestable como una ola del
mar que el viento arrastra y empuja de un
lado a otro».

—Santiago 1:6 NTV

«—Abu, ¿por qué Dios ha dejado que te pongas malito?

—Porque es a través de la enfermedad como conocemos el valor de la salud. A través del mal conocemos el valor del bien; a través del hambre, el valor del alimento; y a través del esfuerzo, el valor del descanso. Así dice un proverbio griego que considero acertado.

»Guardó silencio, creo que por si yo tenía algo que decir, pero solo le miré, meditando en lo que me había dicho. Aprovechó para seguir depositando frases en mi conciencia.

—A veces, Dios no cambia las circunstancias porque está usando esas circunstancias para cambiarnos a nosotros —me miró larga e intensamente para añadir—: No importa si alguna situación parece que no tiene salida, Dios hará algo para ayudarnos que tal vez nadie, ni siquiera nosotros, entenderemos. Él siempre tiene una jugada estratégica e inesperada para mostrarnos su gloria.

»Miró alrededor, buscando algo.

—Acércame esa Biblia, por favor —señaló a la pequeña mesita que había a la derecha de la *cama. Se la di y pasó las páginas con mucha agilidad—. Lee ese texto, ¿quieres?*

»Coloqué la Biblia sobre mis rodillas y leí lentamente la porción que mi abuelo había señalado:

—Porque así dice el Señor: "Hacia ella extenderé la paz como un torrente, y la riqueza de las naciones como río desbordado. Ustedes serán amamantados, llevados en sus brazos, mecidos en sus rodillas" (Isaías 66:12, NVI)».

—Un verano en Villa Fe, pp. 139, 140

«Yo mismo te acompañaré y te haré descansar —dijo el Señor».

—Éxodo 33:14

Fe no es esperar a que pase la tormenta, fe es aprender a adorar bajo la lluvia. Vi en ellos, en mis abuelos, a dos personas sobre las que había pasado la vida, y también la adversidad, pero tuvieron la sabiduría de acudir a Dios cada día y volcar en él sus cargas. Eso les permitía vivir libres y proyectando esa libertad. Los vi adorar en situaciones que no invitaban a hacerlo. Aprecié su fe en circunstancias cuando lo normal sería dudar. Supieron convertir el corazón de Dios en almohada y descansar.

Es probable que conozcas la siguiente historia. No obstante permite que te la relate:

«*Durante una sesión grupal, un psicólogo tomó un vaso de agua y lo mostró a los demás. Mientras todos esperaban la típica reflexión que dice:* "Este vaso, ¿está medio lleno o medio vacío?", *el psicólogo les preguntó:* "¿Cuánto pesa este vaso?".

»*Las respuestas variaron entre los doscientos y doscientos cincuenta gramos. Pero el psicólogo respondió:* "El peso total no es lo importante. Más bien, depende de cuánto tiempo lo sostenga. Si lo sostengo un minuto, no es problema. Si lo sostengo una hora, me dolerá el brazo. Si lo sostengo durante un día entero, mi brazo se entumecerá y se paralizará del dolor. El peso del vaso no cambia, siempre es el mismo. Pero cuanto más tiempo lo sostengo en mi mano, este se vuelve más pesado y difícil de soportar.*

»*Y continuó:*

»*Las preocupaciones, los rencores, los resentimientos y los sentimientos de venganza son como el vaso de agua. Si piensas en ellos por un rato, no pasará nada. Si piensas en ellos todos los días, te comienzan a lastimar. Pero si piensas en ellos toda la semana, o incluso durante meses o años, acabarás sintiéndote paralizado e incapaz de hacer algo».*

La clave radica en aprender a soltar el vaso para encontrar el descanso.

Cada uno tiene su particular vaso, tal vez no sea un viejo rencor, sino un viejo temor. Pudiera ser que mires el futuro con incertidumbre y el estrés se apodere de ti. Hoy puedes mirar a Dios y descansar.

No permitas que el peso de las emociones negativas hagan tu vida miserable. Este peso solo te estará impidiendo continuar con tu camino y ser feliz.

«El Señor es mi pastor, nada me falta; en verdes pastos me hace descansar. Junto a tranquilas aguas me conduce».

—Salmos 23:1,2

———————————————————

———————————————————

———————————————————

———————————————————

———————————————————

«Quedé boquiabierto ante la belleza de la imagen: el inmenso abeto se había convertido en una montaña de luces. Cientos de bombillas se encendieron entre sus ramas y resplandecían en la negrura de la noche. La luna, que permanecía sobre el agudo extremo del abeto, parecía ahora la picota de color que se coloca en los árboles navideños. Toda la arboleda perdió su aspecto amenazador, adquiriendo un matiz mágico al ser salpicada por la luz.

—¡Parece Navidad! —repuse sin salir de mi asombro—. Estamos en verano pero parece Navidad...

»La abuela vino a sentarse a nuestro lado y durante varios minutos admiramos la preciosa escena. Luego comentó:

—¿Te das cuenta qué mágica es Villa Fe? Aquí convertimos cualquier día del año en Navidad.

—Abu, aba, ¡qué suerte tenéis de vivir aquí!

—No se trata de suerte —me explicó el abuelo—. Cualquier persona en cualquier lugar puede convertir un día normal en Navidad.

—Lo más bonito de este árbol —añadió ella— es que puede verse desde muy lejos.

El regreso a villa fe

—Lo encendemos en cualquier época del año,
cómo hicimos ahora mismo —intervino el abuelo—
y al verlo en la distancia son muchos los que
se aproximan a preguntarnos la razón de esta
inundación de luz.

—Se quedan sorprendidos cuando les decimos
que para nosotros también hoy es Navidad —
rio la abuela— y entonces les explicamos que el
auténtico mensaje de la Navidad es Jesús naciendo
en nuestros corazones y que ese milagro no se
limita a un día al año»

—Un verano en Villa Fe, pp. 50-53

«No me avergüenzo de anunciar esta buena
noticia, que es fuerza salvadora de Dios para
todo creyente, tanto si es judío como si no lo
es».

—Romanos 1:16 BLP

Así eran mis abuelitos, unas personas capaces
de convertir cualquier día del año en Navidad.
Profesaban una fe tan genuina que brotaba por los
poros de su piel y se proyectaba en todas direcciones.
Eso hizo que muchos salieran de aquella finca con

el corazón lleno de esperanza, pero también hubo quien abandonó ese hogar con palabras agrias y desconsideradas. «Es imposible gustarle a todo el mundo —me decía mi abuelito en esas ocasiones—, lo importante es poder cerrar nuestros ojos y sentir que hay paz en el corazón».

Probablemente también a ti te ha ocurrido que, obrando en conciencia y con buena intención, te has granjeado críticas mordaces. No te preocupes ni intentes reivindicarte, por más bien que hagas las cosas será inevitable que surja el club de los disconformes.

Ante la incomprensión y la crítica, hazte estas dos preguntas:

«¿Obré de acuerdo a mis principios y valores cristianos?».

«¿Lo hice motivado por el amor a Dios y a los demás?».

Si la respuesta a ambas interrogantes es positiva, sigue entonces adelante, dejando que Dios se ocupe de los detalles.

Probablemente conozcas la siguiente historia:

«Hace tiempo, un abuelo y un nieto decidieron emprender un viaje. Lo hicieron llevando un burro. Inicialmente el anciano hizo que el niño montara en el animal, con el fin de que no se cansara. Sin embargo, al llegar a una aldea, los

lugareños empezaron a comentar y criticar que el anciano tuviera que ir a pie mientras que el niño, más joven y vital, fuera sobre la cabalgadura. Las críticas fueron tales que, finalmente, abuelo y nieto cambiaron sus posiciones, yendo ahora el anciano sobre el burro y el niño caminando al lado.

»Sin embargo, al pasar por una segunda aldea, los lugareños pusieron el grito en el cielo, tildando de egoísta al abuelo, al permitir que el pobre niño fuera caminando, mientras el hombre mayor lo hacía cómodamente sobre el pollino. Ambos decidieron entonces montar en el animal. Pero al llegar a un tercer poblado los aldeanos criticaron duramente a ambos, acusándoles de cargar en exceso al pobre burro.

»Ante esto, el anciano y su nieto decidieron ir ambos a pie, caminando al lado del animal. Pero en un cuarto pueblo se rieron de ellos, dado que disponían de una montura y ninguno de los dos viajaba en ella.

»El abuelo, muerto de la risa, aprovechó la situación para enseñar a su nieto que, hicieran lo que hiciesen, siempre habría alguien a quien le parecería mal, y que lo importante no era lo que otros dijeran, sino lo que creyera uno mismo».

Este cuento tradicional nos enseña que debemos ser fieles a nosotros mismos. Mantengamos nuestros

principios con buena conciencia, pues hagamos lo
que hagamos habrá alguien a quien no le guste y nos
critique: no podemos gustarle a todo el mundo. Que
nunca nuestro objetivo sea agradar a todos, pues tal
propósito es un atajo a la enfermedad mental.
¿El remedio para la ansiedad? Tener paz con Dios
y descansar en él.
¿El camino más rápido para caer en ansiedad?
Intentar complacer a todo el mundo.

«Así que nunca te avergüences de contarles
a otros acerca de nuestro Señor, ni te
avergüences de mí, aun cuando estoy
preso por él. Con las fuerzas que Dios te da
prepárate para sufrir conmigo a causa de la
Buena Noticia».

—2 Timoteo 1:8 NTV

Mídete de la cabeza

al cielo para ver

cuánto puedes aún crecer.

—José Luis Navajo

«La caída que el abuelo sufrió en el monte afectó seriamente a sus piernas, tanto que no pudo caminar. Los médicos indicaron que sería una limitación temporal, aunque advirtieron que, a su edad, el proceso de recuperación era imprevisible y no se aventuraron a predecir ningún resultado. Se vio privado de sus paseos por el bosque y de aquellas largas caminatas en las que estudiaba a las aves y acariciaba las plantas.

»De golpe, todo su mundo se redujo al tamaño de un colchón.

»Yo también dejé de desayunar en el porche para hacerlo junto a él. Me sentaba en una silla, al lado de su cama, y convertía otro pequeño taburete en la mesa donde depositar mi vaso de leche y el pan tostado.

—Abre las ventanas, por favor —solía pedirme el abuelo—, hace una mañana magnífica.

»Cuando lo hacía una brisa fresca y cargada de aromas inundaba la habitación.

—Mmmmm —el abuelito inspiraba profundamente—. Qué preciosa mañana nos ha regalado Dios.

»Yo no acababa de entender la alegría de mi abuelo.

»No podía caminar; a veces tenía terribles dolores en las piernas y, sin embargo, sonreía y cantaba igual que cuando paseaba en la libertad de los campos.

—No lo entiendo, abu —le dije—. ¿Por qué estás alegre si no puedes andar y te duelen mucho las piernas?

—Si mi gozo dependiese de mis piernas lo habría perdido —me aclaró—. Pero no depende de mis piernas, ni de mis brazos ni de mi cabeza. No está ahí —insistió—. Por eso, aunque todo esto falle, no afecta mi alegría —se incorporó un poquito en la cama, de modo que mi rostro quedó más cerca del suyo y me dijo con una triunfante sonrisa—: tengo un gozo inmenso porque tengo un inmenso Dios aquí adentro —se golpeó levemente a la altura del corazón—, y eso no cambia por el hecho de que mis piernas dejen de funcionar. Él me da una paz magnífica...»

—Un verano en Villa Fe, pp. 129, 130

El regreso a villa fe

«Den gracias a Dios en cualquier circunstancia. Esto es lo que Dios espera de ustedes, como cristianos que son».

—1 Tesalonicenses 5:18 TLA

Hace unos años yo mismo tuve la ocasión de sentir lo que abu sintió en ese tiempo. Una severa lesión en mi columna vertebral que me ha llevado tres veces al quirófano, me mantuvo durante larguísimas temporadas privado de caminar. También mi vida se concretó a las dimensiones de mi colchón, todo, incluidas las necesidades de las que no es decoroso hablar, tenían que realizarse en la cama. Bajarme de ahí era un sueño, pensar en caminar era una ilusión anhelada, pero imposible.

También mis hijas optaron por traer su comida a mi cuarto para brindarme compañía; convirtieron mi colchón en mesa, la una a mi derecha, a mi izquierda la otra... Me encantaría decirte que desde el primer día convertí mi lecho en altar de adoración... Me encantaría, pero no sería sincero si lo hiciera. No fue alabanza, sino preguntas lo que en los primeros días de la prueba surgió de mis labios. Preguntas que, como afiladas saetas, disparaba al cielo: ¿Por qué? ¿Hasta cuándo? ¿Qué hice para que tú permitas esto?

Cuando el cuerpo se para la mente se dispara, y a mí me ocurrió. Días y días sin relieve ni sorpresas; la inmovilidad absoluta agota.

Hasta que Dios decidió responder... Porque él siempre responde. No cuando esperamos ni en la manera en que lo esperamos, pero interviene en el momento preciso y a la manera perfecta.

Su voz fue bálsamo y su abrazo sanidad. Me indicó que no era un accidente lo mío, sino parte de un proceso. Él me afirmó en la idea de que cuando la enfermedad me roba las piernas, el Espíritu me proporciona alas. Que a veces hay que estar cojo para no estar ciego, porque ahora, en la inmovilidad absoluta, podía contemplar su gracia como nunca antes.

Después de ese encuentro con la gracia de Dios, convertí me cama en lugar de cita con Dios y el dolor en un maestro. La enfermedad dejó de ser un verdugo y se volvió altar de adoración.

Hoy, con la perspectiva que el tiempo concede a las cosas, puedo percibir que aquel periodo de incapacidad, sirvió para capacitarme. Lo que parecía destruirme, me estaba construyendo.

No será diferente contigo, créelo. La hora más oscura de la noche, es justo la que precede al amanecer.

El regreso a villa fe

«En el día que temo,
yo en ti confío».

—Salmos 56:3

_____

_____

_____

_____

_____

_____

_____

_____

_____

_____

«—Pero, abu —yo seguía sin comprenderlo—. Vives en un colchón... No puedes ni siquiera ir al baño...

—Es cierto que por ahora he perdido varias cosas —admitió—, pero conservo la fe y la esperanza y eso, sin más, ya es un tesoro grandioso. Tengo una alternativa: hacer de este colchón —golpeó la cama con su mano— un potro de tortura o convertirlo en un altar de adoración. Me he decidido por lo segundo. La enfermedad puede hacer de mí su blanco, pero no su presa. Sufro la enfermedad, es cierto, pero no seré cautivo de la enfermedad».

—Un verano en Villa Fe, p. 130

El regreso a villa fe

«Confía en el Señor de todo corazón,
y no en tu propia inteligencia.
Reconócelo en todos tus caminos,
y él allanará tus sendas».

—Proverbios 3:5-6 NVI

Al repasar los momentos más duros que he vivido,
compruebo que en todos ellos su presencia supuso
un abrazo sanador. Al acudir a su encuentro una paz
profunda inundó mi ser. La sensación era similar a
introducirse en un lago de agua fresca y cristalina
también. Dios era real; casi tangible. Jamás he
estado más seguro de otra compañía como en aquel
momento de la suya. Sin poderlo evitar ni querer
evitarlo comencé a llorar... Pero no ya lágrimas
amargas. Mi situación vital no había cambiado pero
un cálido manto de paz me abrigó y fue removida
la piedra que me impedía respirar... No desapareció
mi problema, pero apareció el descanso. De hecho
comprendí que nunca había estado solo... es cierto
que sentí una inmensa soledad, pero no estuve solo
ni un instante. El silencio de Dios no significaba
ausencia de él... Déjame que lo repita: el silencio
de Dios no significaba ausencia de él. Jamás faltó de
mi lado.

El regreso a villa fe

Compartiré contigo un relato que muestra que lo importante no son los principios, sino aguardar con paciencia al final de la historia:

«*Un anciano campesino de gran sabiduría, vivía con su hijo y poseía un caballo. Ese corcel era el patrimonio más importante que tenían. Ocurrió un día que el animal escapó. Los vecinos, conociendo lo que eso significaba para el campesino, fueron a consolarlos ante su mala suerte. Pero ante sus palabras de consuelo, el anciano campesino les respondió que lo único verdadero es que el caballo había escapado; si eso era buena o mala suerte, el tiempo lo dictaminaría.*

»Poco tiempo después el caballo regresó a sus dueños, acompañado de una hermosa yegua. Los vecinos corrieron a felicitarle por su buena suerte. Sin embargo, el anciano les respondió que en realidad lo único que era cierto era que el caballo había regresado con la yegua, si esto era malo o bueno el tiempo lo diría.

»Pasaron unas semanas y el hijo del campesino intentó montar a la yegua, aún salvaje, de tal manera que cayó de la montura y se rompió la pierna. Según el médico, la rotura le provocaría una cojera permanente. Los vecinos volvieron a

consolar a ambos, pero también en esta ocasión el sabio campesino afirmó que lo único que se sabía era que su hijo se había roto una pierna. Si eso era bueno o malo aún estaba por verse.

»Una sangrienta guerra se desató en la región y comenzaron a reclutar a todos los jóvenes, pero al ver la cojera del muchacho los soldados que fueron a reclutarlo decidieron que no era apto para el combate, por lo que pudo permanecer sin combatir.

»La reflexión que el anciano le hizo ver a su hijo en base a todo lo ocurrido es que los hechos no son buenos o malos en sí mismos. Son nuestras expectativas los que convierten a los hechos en algo positivo o negativo».

¿Qué te parece si hoy comienzas a mirar con ojos de fe la situación que vives?

No significa que eso vaya a cambiar la situación, pero te aseguro que cambiará tu actitud frente a ella.

He aprendido que las líneas de mi vida no se redactan en la tierra, sino que el Divino Escriba se ocupa de la redacción, por eso, cuando alguno de los párrafos no me encanta, decido no hacer valoraciones, pues quedan muchas páginas que desconozco y estoy convencido de que con Dios, jamás una desgracia será la última noticia.

El regreso a villa fe

«Bendito el hombre que confía en el Señor y pone su confianza en él. Será como un árbol plantado junto al agua, que extiende sus raíces hacia la corriente; no teme que llegue el calor, y sus hojas están siempre verdes. En época de sequía no se angustia, y nunca deja de dar fruto».

—Jeremías 17:7-8

DÍA 29

«Seguí paseando mientras dentro de mí nacía un intenso deseo y una pasión ferviente: quería lo que ellos tenían...quería ser como mis abuelos. Me senté en una piedra y apoyé mi rostro en las manos; al sentirlas húmedas descubrí que lloraba. El sonido del viento en las copas de los árboles me pareció el susurro de Dios. El canto de las aves, montones de pajarillos felices y enloquecidos, me acercó a la alegría que se experimenta cuando todo está resuelto y no hay de qué preocuparse.

»Me pareció ver la sonrisa del Señor en una pequeña nube que se curvó. Sí, me pareció que el cielo me sonreía y yo le devolví la sonrisa.

—Te amo, Señor—yo mismo me sorprendí cuando de mi boca salieron esas palabras, no obstante las repetí—: Te amo, Señor...te amo, Señor...

»Lloré ahora de forma incontenible y de nuevo alcé los ojos al cielo...Tras la cortina de lágrimas observé cómo la caprichosa nube había tomado otra forma...la forma exacta de una cruz.

»Lo hizo por mí, pensé, lo hizo por mí". Las lágrimas brotaron a raudales e impregnadas en gozo. Me sentía pecador, pero a la vez redimido...

culpable, pero perdonado...completamente
perdonado».

«No se preocupen por nada; en cambio, oren
por todo. Díganle a Dios lo que necesitan y
denle gracias por todo lo que él ha hecho.
Así experimentarán la paz de Dios, que supera
todo lo que podemos entender. La paz de Dios
cuidará su corazón y su mente mientras vivan
en Cristo Jesús».

—Filipenses 4:6-7

Una de las cosas más importantes que aprendí
de mis abuelitos fue a orar. Ellos hablaban con Dios
constantemente. Era frecuente que al levantarme en
la mañana viera a uno de ellos, o a veces a los dos,
arrodillados en el salón, con los brazos apoyados en
un asiento y ante ellos la Biblia abierta.

También me di cuenta de que a menudo hablaban
con Dios mientras caminaban.

—Con quién hablas, abu? —le pregunté la primera
vez que, paseando con él, noté que conversaba, y no
era conmigo.

—Hablo con el amigo que nunca falla, hijo.

—¿El amigo que nunca falla? —miré alrededor, intentando ver qué amigo era ese.

—Es con Dios con quien hablo, cariño —se abrillantaron sus ojos al decirlo—. Estoy contándole algunas cosas que me preocupan...

—¿Y Dios te oye?

—No tengas la menor duda... Él siempre nos oye.

—¿Y te contesta Dios?

—Claro que sí.

—¿Qué te dice?

—A veces me responde con una paz tan grande que el problema que me preocupaba deja de preocuparme. En otras ocasiones no siento nada en el momento, pero, pasando el tiempo, veo que Dios fue ordenando las cosas para que lo que me inquietaba dejase de hacerlo. Él responde de maneras muy diversas, pero siempre es perfecta su respuesta.

Esa pasión que mis abuelos desarrollaron por la oración me contagió completamente. El texto que hoy hemos rescatado de *Un verano en villa fe*, muestra la primera vez que oré. Ni aunque viviera mil días podré olvidar ese momento y la paz que me llenó durante la oración, y desde ese instante, la oración se convirtió en una práctica tan cotidiana como necesaria.

Mucho tiempo atrás escuché la siguiente historia; debo confesarte que no sé si se trata de un hecho real o es solo una leyenda, pero voy a compartirla porque contiene una lección realmente inspiradora: La Casa de John Wesley sigue en pie, radicada en 49 City Rd., Londres. Fue construida en 1779 por el mismo Wesley, quien vivió en ella durante los últimos doce años de su vida.

Esa vivienda es hoy una Casa Museo que puede ser visitada por los turistas.

Cuentan que en una ocasión un grupo de personas recorría las estancias acompañado por un guía que les explicaba lo más relevante de cada espacio: Cocina, dormitorio, biblioteca, salón con chimenea... Finalmente llegaron a una habitación pequeñísima.

—Este era el cuarto donde Wesley oraba —explicó el guía—. Pasaba mucho tiempo aquí. Observen ese lugar, donde el suelo de madera está desgastado. ¿Ven las dos hendiduras? Fueron provocadas por las rodillas de John Wesley... Tanto tiempo pasaba en oración.

Siguieron su recorrido y, concluida la visita y a punto de abandonar la casa, repararon en que faltaba una persona. Un componente del grupo se había quedado atrás.

Regresaron a buscarlo. Miraron en las diversas dependencias sin lograr localizarle. Finalmente llegaron a esa pequeña habitación de oración.

La imagen era sagrada. La persona rezagada estaba allí, con sus rodillas en los huecos que habían provocado las de Wesley. Todos observaron en silencio sobrecogido la escena y pudieron escuchar que la persona arrodillada oraba: «Señor, te ruego que la unción que había sobre tu siervo Wesley, repose también sobre mi vida».

¿Quién era esa persona?

Tal vez te suene su nombre, era Billy Graham.

Cuando veas a alguien tocado con el fuego de la divina pasión, recuerda que el incendio tuvo lugar en la conversación privada con Dios. No se inflaman los vidas en la acción, sino en la oración. Si alguien resplandece en público es porque el fuego lo visitó en privado.

*La hora más oscura
de la noche es justo la que
precede al amanecer.*

—José Luis Navajo

Me encanta disfrutar de este silencio.

Una suave brisa agita las ramas más altas de los árboles provocando un murmullo inspirador.

El columpio, vacío, se mece acunado por la caricia del viento.

Todo es silencio, matizado únicamente por el canto de algún pájaro.

Anochece.

Sigo en mi habitación con vista al cielo, recostado bajo el techo de cristal a través del que —en la noche— observo el cosmos cuajado de estrellas y, en el día, un cielo inmaculadamente azul o en ocasiones cernido de nubes, no importa el clima nuboso o que luzca un sol radiante, la visión siempre me aquieta, ¿quién puede sentir temor con la mirada puesta en el cielo?

A mi lado está María, me mira y sonríe. Hace poco me recordó que hoy es siete de abril y, en pocas horas, celebraré mi cumpleaños. Ni ella sabe cuántos son, ni tampoco yo tengo memoria. Tal vez ochenta y cinco, o puede que ochenta y seis, no estamos del todo seguros. No... no son ya diez los años que cumplo, como cuando vine a este hermoso lugar aquel verano. Ha pasado mucho tiempo... han pasado muchas cosas... pero algo no varió un ápice: aquí seguimos porque amamos Villa Fe. Aunque azotaron tormentas y algún que otro vendaval, nada logró desarraigarnos.

Mañana vendrán nuestras hijas y traerán a nuestros nietos... ¡También al biznieto que nació hace pocos meses! No se me ocurre mejor regalo de cumpleaños. De nuevo el columpio cobrará vida, y al caer la tarde prenderé las luces del abeto... Navidad en pleno abril... Navidad en primavera.

Seguramente pasaremos largos minutos mirando el árbol iluminado, y recordando, y agradeciendo... ellos enterrarán la vista en los cientos de luces que parpadean desde las ramas del abeto y yo, con mi mano envolviendo la de María, los miraré a ellos. Es probable que alguna lágrima se escape, porque no siempre se llora de tristeza, a veces los ojos se encharcan de alegría irreprimible. Ver que mis hijas aman Villa Fe... observar cómo inculcan ese amor a mis nietos... ¡Y al biznieto! Sentir como la fe se transfiere de corazón a corazón... nada es comparable a esto. ¿Cómo no emocionarse ante semejante milagro?

María se ha dormido y yo estoy a punto de hacerlo. Mañana volveremos a vivir y a reír... en Villa Fe. Sí, aquí aguardaremos la definitiva llamada. Nuestro compromiso es de por vida. Con la mesa

siempre lista por si alguien precisa una porción de fe
o un plato de esperanza.

Villa Fe sigue abierta. El inmenso monte
aguarda...

No es fácil su escalada, pero solo se precisa
una determinación firme para coronar su cima;
la perspectiva que luego ofrece cambia vidas y
transforma futuros...

¡También la habitación con vista al cielo está
preparada!

¿Quieres ser la próxima persona en ocuparla?

EPÍLOGO

He iniciado un camino concluyente, el de la despedida de Villa Fe. Me dirijo a la verja de madera que delimita la finca dispuesto a abandonar este evocador lugar, pero antes de llegar a la pequeña puerta me detengo junto al rosal, rosal que mi abuela plantó aquel verano que pasé con ellos.

Varias rosas rojas y de intenso aroma, coronan los tallos del rosal.

Mientras una suave brisa hace que las ramas cimbreen y los pétalos carmesí liberan el intenso olor, recuerdo el momento en que ella me pidió que la ayudase:

—¿Quieres que hagamos entre los dos el agujero para enterrar el cepellón de raíces? —me dijo, tendiéndome una pequeña pala—. Aquí, justo en este sitio es donde debemos cavar.

Apliqué toda mi escasa energía y comencé a retirar tierra; era poco mi avance, pero hay dos cosas que recuerdo y sonrío en la memoria: el olor a tierra húmeda que entraba por mi nariz, inundaba mi sistema nervioso central y me infundía una sensación próxima a la paz, y lo segundo que viene a mi memoria es la forma entusiasta como mi abuelita me animaba:

—¡Bravo! —decía con entusiasmo—. Eres un niño muy fuerte y lo estás haciendo muy bien. Enseguida podremos plantar el rosal.

Poco después ella introdujo la pala y con un solo empellón retiró toda la arena necesaria para enterrar las raíces, pero siguió atribuyéndome el mérito:

—Lo has hecho genial, cariño. Tendremos un precioso rosal gracias a lo que has trabajado.

Hoy ocho rosas se mecen al viento. Los pétalos brillan al beso del sol...

Ocho rosas.

Precisamente esta mañana, frente a mi humeante taza de café, leía los frutos del Espíritu que el apóstol Pablo recomienda a los cristianos de la iglesia en Galacia.

Y al ver el rosal de mi abuela, hoy quiero dar a cada una de estas rosas el nombre de uno de los frutos que ellos manifestaban de forma natural, sin pretenderlo ni exhibirlo. Surgía de ellos con la naturalidad de la respiración.

—Tú eres AMOR —rocé con mis dedos los pétalos de la más pujante de las rosas. Coronaba el tallo más alto y mostraba una perfección llamativa—. Amor ágape, incondicional, a fondo perdido y que no aguarda contrapartidas. No ama «porque», sino que ama «a pesar de». Así fueron ellos: no daban, sino que se daban en el acto de amar al prójimo.

Cerca de esa rosa impecable e inmaculada, se mostraba otra que aún no había abierto del todo, pero traía consigo una promesa de belleza exclusiva.

—GOZO —dije—. Ese será tu nombre. Como el que pude ver en ellos cada día. Su sonrisa no era fingida, sino pura y genuina. Gozo es la capacidad de sonreír aun en medio de la adversidad. Es la alegría que se expresa sin que las condiciones inviten a estar alegres... Así eran mis abuelitos... La sonrisa estaba cincelada en su gesto.

Otra de las rosas púrpura había perdido varias hojas, pero seguía regalando su aroma.

—PAZ, ese es tu nombre. No es ausencia de guerra, sino la capacidad de mantener la calma en medio del fragor de la batalla. La paz que proviene de Dios, la que ellos me contagiaron. No les faltaron problemas, pero una pátina de pura paz embellecía siempre su rostro.

Una racha de viento ha violentado la calma, y las ramas del rosal se han estremecido. Una bella flor ha desafiado al viento, manteniéndose erguida, osada, hermosa.

—Creo que te llamaré PACIENCIA —le dije—. Dicen que paciencia es la ciencia de la paz. La capacidad de mantener la calma y la quietud cuando diversas circunstancias quieren crisparte. Enfrentar con sosiego los imprevistos, las decepciones e incluso las frustraciones... Lo vi cada día en ellos. Soportaban con paciencia, me soportaban con paciencia, se soportaban con paciencia, y sobre todo con amor.

En el extremo de una rama había dos flores casi pegadas, como hermanas siamesas que compartían tallo.

—Seréis BENIGNIDAD y BONDAD.

En una ocasión pregunté a mi abuelito la diferencia entre estas dos virtudes: la benignidad y la bondad. «A mí me parece que son lo mismo», le dije.

Abu dibujó dos círculos, uno dentro del otro, y en ambos escribió la letra «B». Entonces me explicó: «¿Ves este círculo interior? —señalaba al más pequeño, el que estaba envuelto por la circunferencia mayor—. Esto es la bondad, una cualidad inherente. Una inclinación del corazón a los actos bondadosos». Luego, con su dedo índice dio dos leves toques sobre la otra «B», la del círculo exterior. «La benignidad es la bondad manifestada en buenas acciones. Cuando la inclinación del corazón se cristaliza en obras buenas. Eso es benignidad».

Jamás olvidaré una explicación tan clara y sencilla.

El viento se había sosegado convirtiéndose de nuevo en una brisa acariciante. Sostuve entre mis dedos índice y pulgar otra pujante rosa.

—MANSEDUMBRE —le dije, como si pudiera oírme—. Ese será tu nombre.

El regreso a villa fe

El pensamiento me trasladó a aquel momento en el que alguien habló de forma desafiante, descortés e impertinente a mi abuelita. Yo me sentí ofendido y, a punto, de replicar al ofensor, vi la sonrisa con la que mi abuelita correspondió a aquel hombre, y escuché las palabras que surgieron de los labios de ella: «Dios le bendiga y que tenga un buen día».

«¿Por qué le sonreíste, aba? —inquirí bastante incómodo cuando nos hubimos alejado—. ¿Por qué le deseaste bendición? Se va a pensar que eres débil...

«Mansedumbre no es debilidad —precisó—, sino fuerza bajo perfecto control. Replicar con ofensas a quien te ofende, eso lo hace cualquiera. Devolver bendición a cambio de agravio, eso es cosa de almas fuertes».

—Y tú serás TEMPLANZA —hablé ahora a la octava rosa que, levemente inclinada, destilaba algunas gotas del agua de riego que quedaron entre sus pétalos—. Templanza, la virtud que nos permite poner freno a los impulsos cuando estos quieren llevarnos a terrenos indebidos o actitudes inconvenientes.

Me retiré dos pasos para observar el rosal con toda la perspectiva.

—Y tú eres la FE, el noveno de los frutos —me dirigía ahora a la planta en todo su esplendor—, un tallo firme, robusto y lleno de vida, que sostiene todas las demás virtudes.

«Deja que tu fe sea más grande que tus miedos», me había dicho mi abuelo con frecuencia. «La fe ve lo invisible, cree lo increíble y se apropia de lo imposible», añadió también. «Debes saber», me dijo un día, «que cuando lo único que te queda es la esperanza y la fe, es mucho lo que tienes todavía».

Fe en estado puro, eso era lo que destilaban por cada poro de su piel, pero no solo eso, sino que, sostenidos en la fe, exhalaron amor, gozo, paz, paciencia, benignidad, bondad, mansedumbre y templanza.

Mi vida fue afectada por aquel bendito derroche de virtudes. Un matrimonio sencillo, humilde, que tuvo el supremo acierto de creer en Dios y creerle a Dios.

Ahora sí, cruzo la pequeña puerta de madera. Mis pies dejan de pisar Villa Fe, pero mi corazón sigue arraigado en esa tierra.

He concluido que Villa Fe no es un lugar donde pisar, sino una actitud con la que vivir, y decido radicarme en esa tierra bendita... Decido vivir en Villa Fe.

JOSÉ LUIS NAVAJO

PRESENTAN:

Para vivir la Palabra

www.casacreacion.com

Te invitamos a que visites nuestra página web, donde podrás apreciar la pasión por la publicación de libros y Biblias:

www.casacreacion.com

f @CASACREACION

🐦 @CASACREACION

📷 @CASACREACION

Para vivir la Palabra